»Diese Stadt gibt mir immer neue Bilder und Geheimnisse preis. Keine Linie bleibt so, wie sie ist«

Orhan Pamuk über Istanbul

Liebe Leser,

ich kenne nur Menschen, die von Istanbul schwärmen. Menschen, die Istanbul abstoßend finden oder denen die Stadt auch nur gleichgültig ist, scheint es nicht zu geben. Und das Schöne ist: Fast jeder dieser Fans bewundert etwas anderes an Istanbul. Die einen sind fasziniert von der osmanischen Pracht, den Palästen und Wohnhäusern. Der nächste schwärmt vom vitalen, bunten Nachtleben, den Bars, Klubs und Restaurants. Die dritte kann sich nicht beruhigen, wenn sie von ihren Einkaufserlebnissen erzählt. Und ich? Ich war eigentlich noch nie in Istanbul. Wenn ich in der Stadt am Bosporus bin, wandele ich im Geiste durch Konstantinopel, dessen Topografie ich ziemlich genau im Kopf habe. Dort begeistere mich an den großartigen Hinterlassenschaften von Byzanz, das – wenn auch am Rande gelegen – einmal kultureller Fixpunkt von Europa war (siehe Seite 86).

Literatur-Nobelpreisträger Orhan Pamuk schreibt in MERIAN über sein neues Museum, S. 58

Auch bei Orhan Pamuk, diesem ungeheuer sympathischen, nachdenklichen Mann, verschwimmen mitunter die Grenzen der Wahrnehmung, von Faktischem und Fiktion. Zum wiederholten Male schreibt der Literatur-Nobelpreisträger für MERIAN. Diesmal über sein neues „Museum der Unschuld“, einen Roman, der nun auch in der Realität Form annimmt.

Solch ein Projekt im Zwischenraum von Wirklichkeit und Imagination kann vielleicht nur in Istanbul Gestalt annehmen, der Stadt zwischen Europa und Asien, zwischen Historie und Gegenwart, asiatischer und europäischer Kunst. Eine Stadt, die man erlebt haben muss.

Herzlich, Ihr

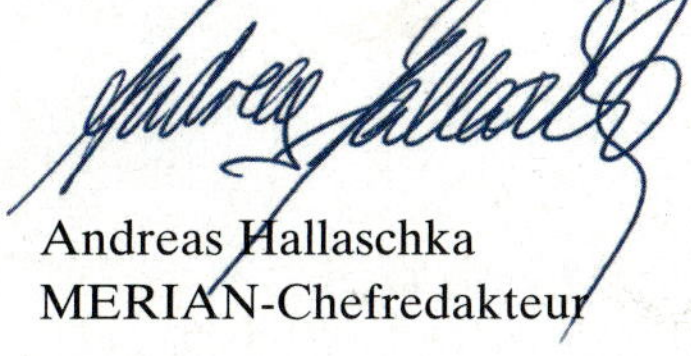

Andreas Hallaschka
MERIAN-Chefredakteur

WASSERREICH
Hier lässt man sich treiben: Auf dem Bosporus kommt die Stadt zur Ruhe

PRACHT UND HERRLICHKEIT
Immobilien mit Wasserblick: Ihre neuen Paläste brachten die Sultane an den Rand des Ruins

Die historische Altstadt erstreckt sich über sieben Hügel: Auf der Erhebung links im Bild thront die Süleymaniye-, rechts die Fatih-Moschee

96

SCHAUPLATZ KIRCHE
In der Hagia Sophia eskalierte 1054 der Streit zwischen römischer und orthodoxer Kirche

48

RAMSCH UND RARITÄTEN
In den Basaren stapelt sich, was glänzt und glitzert: Gold und Tand aus Nah- und Fernost

MERIAN kompass

SKIZZEN AUS ISTANBUL

1962 1975 2002 2010

In 48 Jahren hat MERIAN der türkischen Metropole vier Ausgaben gewidmet. Alle zeigen eine Moschee in Istanbuls Altstadt auf dem Titel – auf den ersten beiden ist die »Neue Moschee« zu sehen, auf den zwei jüngeren die »Blaue Moschee«.

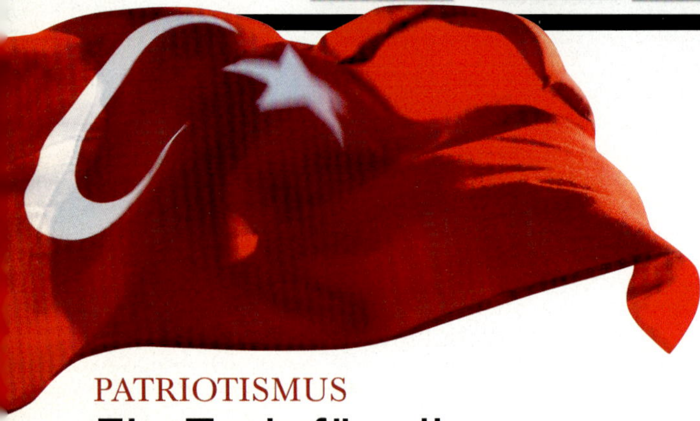

PATRIOTISMUS

Ein Tuch für alle

Gigantisch große Fahnen dominieren seit einigen Jahren Istanbul. Sie sollen Stärkungs- wie Beruhigungsmittel sein gegen die Ängste vor Kurden, Globalisierung, EU. Die Fahne als nationales Kuscheltuch für schwierige Zeiten, die signalisiert: Die Türkei gehört uns!

MINIBUS

»Voll besetzt«

lautet die Übersetzung für *dolmuş*. Entstanden sind die Sammeltaxis in Selbstorganisation – seit Arbeiter vom Stadtrand ins Zentrum pendelten. Heute hat jeder *dolmuş* seine feste Route, man kann per Zuruf ein- und aussteigen.

GESCHICHTE

Sieben Namen

Um 660 v. Chr. als Byzantion gegründet, hieß der Ort im **3. Jh. n. Chr.** Augusta Antonina, **330 n. Chr.** Nea Rhomē, ab dem **5.** bis ins **20. Jh.** Konstantinoupolis, seit **1453** arabisiert auch Kostantiniya. Die griechischsprachige Bevölkerung lebte schlicht »in der Stadt«, *eis tēn polin*, daraus wurde arabisch Istinpolin, türkisch Stambul oder Istanbul – amtlich seit **1930**.

SIMITVERKÄUFER garantieren die Grundversorgung der Stadt mit Sesamkringeln und leisten dabei mitunter einen wahren Balanceakt. Morgens frisch aus dem Holzofen sind die Kringel am besten – eine vortreffliche Vereinigung von Mehl, Wasser, Salz, Hefe und Sesam. Die klassische Variante: mit Käse, dazu Tee.

SKIZZEN AUS ISTANBUL

SOUVENIRS

Preiswerte Klassiker

Schwarzer Tee, *çay,* ist das Lieblingsgetränk der Istanbuler. Schwarz, stark und zu jeder Gelegenheit wird er serviert. Meist in Gläsern mit schmaler grifffreundlicher Taille. **Das Blaue Auge,** *nazar boncuğu,* trägt man an Ketten, Rückspiegeln, am Handgelenk, überall. Es schützt vor dem bösen Blick aus blauen Augen. Ganz sicher!

ORIENTLIEBE

Wilhelms Türken-Tick

Der letzte deutsche Kaiser schätzte orientalische Zelte und die Geheimnisse des Serails. Dreimal reiste er ins Osmanische Reich. Ein Gemälde zeigt Wilhelm II. in türkischer Offiziersuniform. Zur Erinnerung an den Besuch 1917 schickte er dem Sultan sein 2,36 Meter hohes Porträt, doch das kam für beide zu spät: Der Transport des Schinkens mitten im Krieg brauchte viele Wochen. Bei dessen Ankunft in Istanbul 1918 war der Sultan tot, und der Kaiser hielt sich als solcher dann auch nicht mehr lange. Sein Bild blieb in der deutschen Vertretung, hängt dort überm Kamin.

ABSCHIED VON DER WASSERPFEIFE Rauchen ist eine der beliebtesten Freizeitbeschäftigungen am Bosporus. Doch seit Juli 2009 gibt es ein striktes Rauchverbot in geschlossenen Räumen, bei Verstoß drohen hohe Geldstrafen. Das trifft auch die beliebten Wasserpfeifen-Cafés, die vor allem im Stadtteil Tophane unter Jugendlichen populär geworden sind: Hier raucht man Tabak besonders gern versetzt mit Cappuccino-, Schokolade-, Rosen- und Pfirsichgeschmack. Aber nur noch im Freien.

HAMAM

Massage auf Marmor

Das türkische Dampfbad ist die orientalische Variante der Sauna. Unbedingt dazu gehört die Massage auf der Marmorplattform, *göbek taşı:* eine echte Tortur! Danach fühlt man sich wie neugeboren. Achtung, Hamams sind unter Türken passé, häufig besuchen nur Touristen die schönen Bäder.

Belebend, tiefenwirksam und mild –
die pure Kraft von Thermalwasser.
Schenken Sie Ihrem Haar einen erfrischenden Neubeginn. Die neue GUHL „Pur & Belebend"-Serie mit wertvollem, mineralreichem Thermalwasser und Ingwer befreit Haar und Kopfhaut mild und tiefenwirksam von Rückständen. Danach belebt und stärkt sie das Haar und schenkt ihm lebendigen Glanz. Das „Belebende Schutz & Pflege-Spray" verleiht zusätzliche Vitalität und schützt vor äußeren Einflüssen. Damit Ihr Haar gesund und lebendig aussieht.
www.guhl.de
GUHL. Von Natur aus stark.
SPEZIALISIERTE
NEU
GUHL-PFLEGE
GUHL
NEU
PUR & BELEBEND
THERMALWASSER & INGWER
GUHL

Orhan Veli Kanık, 1945. Aus dem Türkischen von Yüksel Pazarkaya

Ich höre Istanbul, meine Augen

Leicht bewegen sich // Die Blätter in den Bäu

Pausenlos die Glocke der Wasserverkäufer. //

ALLE FOTOS **WALTER SCHMITZ**

geschlossen // Zuerst weht ein leichter Wind,

men. // In der Ferne, weit in der Ferne

Ich höre Istanbul, meine Augen geschlossen

Die Sultan-Ahmet-Moschee, wegen der Abertausenden Fayencen in ihrem Inneren von den Ausländern »Blaue Moschee« genannt, sollte Macht und Größe des Osmanischen Reiches feiern: Sie ist zwar nicht ganz so hoch wie die Hagia Sophia, besitzt dafür aber sechs Minarette – so viele wie damals nur die Moschee in Mekka

Das Licht von Istanbul: Es ist, als würde in den riesigen Kuppeln der Moscheen der Himmel eingefangen werden

Die 260 bunt verglasten Fenster der Blauen Moschee sorgen für die lichte Eleganz des Gebetsraums. Die riesige Hauptkuppel mit einem Durchmesser von 23,5 Metern ruht auf gewaltigen Säulen. In der 1616 fertig gestellten Moschee beten die Gläubigen noch immer. Die Touristen betreten die Moschee durch einen gesonderten Zugang

Die Stadt als Primadonna: Marmorpaläste am Bosporus zeugen von Glanz und Stil am Schnittpunkt der Kulturen

Der Çıragan-Palast beherbergt heute das Hotel »Kempinski«, das prächtigste Quartier der Stadt für Reisende. Über die Gartenanlagen blickt man auf die Meerenge, wo langsam die Schiffe auf dem Weg zwischen Schwarzem Meer und Goldenem Horn vorbeigleiten

Viel Spektakel und ein Talent zum Handeln: Istanbul macht gute Geschäfte mit seiner Vergangenheit

Sesamkringel, Muscheln, Eis, Tee – irgendetwas wird immer angeboten auf den Straßen und Plätzen. »Fisch im Brot« ist ein Klassiker. Seit fast 150 Jahren wird auf Booten nahe der Galata-Brücke Fisch gegrillt und mit Brot und Sauergemüse serviert. Das kitschig bunte Ambiente und die verzierten Kostüme sorgen für Folklore beim Fastfood. Das steigert den Umsatz, Tradition verkauft sich gut

Muße, Natur und Nostalgie: Auf den Prinzeninseln scheint die Zeit still zu stehen, nichts erinnert an die chaotische Metropole

Die große Droschkentour über Büyükada führt durch dichte Pinienwälder und eröffnet entlang der Küste herrliche Ausblicke auf die blaue, offene See. Mit einer Fläche von 5,5 Quadratkilometern ist sie die größte der neun reizvollen Prinzeninseln

Tränen in den Augen beim Blick über das Wasser: Istanbul ist eine sentimentale Stadt

»*Hüzun*« nennen die Türken das Gefühl von Melancholie verbunden mit Momenten und Orten. Besucher und Istanbuler ergreift es gleichermaßen, etwa beim letzten Blick auf die Bosporusbrücke und die Moschee von Ortaköy, kurz bevor die Sonne untergeht

Im heiligen Monat Ramadan – türkisch *ramazan* – wird das abendliche Fastenbrechen zelebriert: Man trifft sich auf öffentlichen Plätzen wie vor der Hagia Sophia, isst und trinkt gemeinsam bis spät in die Nacht

Die Königin der Städte

Istanbul ist chaotisch, bitter, süß, asiatisch, europäisch. Und in seiner Widersprüchlichkeit unendlich schön. Bekenntnisse eines Kosmopoliten, der dem Abenteuer am Bosporus verfallen ist

TEXT **KAI STRITTMATTER**

Manchmal erinnert diese Stadt an einen ihrer Straßenköter: Istanbul ist nicht gestriegelt und herausgeputzt. Istanbul ist schorfig und heruntergekommen. Einen großen Bogen möchte man machen um so einen Bastard. Und trotzdem kann es passieren, dass man ihm in die Augen schaut, und dann ist es um einen geschehen.

Istanbul, der Moloch. Die Stadt, die sich so lange einen feuchten Kehricht um den Rest des Landes geschert hat, bis der Rest eines Tages sagte: Dann kommen wir eben zu dir. Und jetzt sitzt die halbe Türkei in der Stadt, wartet auf das Glück und bekommt doch oft nur ein Leben zugedacht – so bitter wie der starke, türkische Tee.

*

Ich kam nach Istanbul geflogen aus China. Stieg aus, ging nach Beyoğlu in die Fußgängerzone – stand da mit offenem Mund und dachte, ich sei wieder in Schanghai. Ich las nach und wirklich: 13, 14, 15, 17 Millionen leben hier, so genau weiß das keiner. Eine der ältesten Städte der Erde. Eine der jüngsten Städte der Erde. Die größte Metropole Europas. Das größte Dorf Europas. Oder muss das jetzt heißen: Asiens?

Wer von der Altstadt kommend über eine der beiden Bosporusbrücken fährt, den empfängt am anderen Ende ein Schild: »Willkommen in Asien«. Aber dann entdeckt man, dass die Stadt in ihren asiatischen Vierteln wie Kadıköy und Moda europäischer aussieht als vielerorts auf der europäischen Seite und dass gerade die in Europa liegende Altstadt jener Teil Istanbuls ist, den viele Besucher als besonders orientalisch empfinden.

Eine Warnung: Diese Stadt pustet einem die Klischees zu Staub, und zwar auf so gründliche, die Sinne aufs herrlichste durcheinanderwirbelnde Art, dass man gerade einem jeden Deutschen unverzüglich eine Woche Zwangsurlaub verordnen möchte.

Mich als Pekingflüchtling packten hier sowieso ganz erstaunliche Gefühle: Wolken! Haselnusssträucher! Im Sommer am Bosporus wilde Erdbeeren, im Herbst Kastanien, im Winter Schnee und geröstete Maroni! Osterzopf in der Bäckerei! Und immer wieder: Wolken am Himmel! Anfangs war mir, als sei ich schon fast wieder zu Hause in Deutschland, so vertraut mutete mich vieles an. Und dann wieder: eine Picknickgesellschaft auf einer Verkehrsinsel, umtost von acht Spuren Stadtautobahn. Eine Schafherde im Stadtzentrum, daneben der Schäfer, genüsslich Käse und einen Kanten Brot verzehrend. Ein zur Opferung vorbereitetes Kamel auf der Rollbahn des Flughafens. Istanbul lässt sich nicht auf einen Nenner bringen. Aus Istanbul lässt sich nicht schlau werden. Istanbul verstört. Istanbul beglückt.

*

Ein Blick auf die Karte. In der großen Türkei ist Istanbul nur ein Klecks. So wie in der wuchernden Metropole von heute das alte Istanbul, das die Alteingesessenen als »ihre« Stadt akzeptieren, nur ein Klecks ist. Aber was für ein Klecks. Der schönste Fleck auf der Karte. Noch auf einer Weltkarte täte man sich schwer, einen schöneren zu finden.

*

Das Herz ist der Bosporus. Welches Licht. Eine Zwischenwelt. Zwischenzeit. Er öffnet Blick und Horizont. Ist ein gleißender Spiegel, der an manchen Tagen das Licht der Sonne, türkis gebrochen, ein zweites Mal auf das Antlitz der Stadt wirft und ihm ein kühles Flirren verleiht. Käme einer in die Stadt und hätte nur zwei Stunden Zeit, ich würde ihn auf eine Bosporusfähre setzen.

Lauschen Sie dieser Stadt. Den Schreien der Möwen. Dem Muezzin. Dem Südwestwind

Man treibt, schaut, meditiert. Fahren Sie nicht nur hoch zum Schwarzen Meer, fahren Sie nicht nur runter Richtung Marmarameer, fahren Sie geradewegs Richtung Nirvana! Es ist der Bosporus, der dieser Stadt seine Seele verleiht. Es ist der Bosporus, der sie schützt. Da mögen die Stadtväter sich auch noch so viel Mühe geben – hier führen Bürgermeister noch Wahlkampf mit Plakaten, auf denen stolz eine einzige Zahl steht: die eins, zwei, drei Millionen Tonnen Beton, die einer in den letzten fünf Jahren seiner Amtszeit über seinem Viertel ausgekippt hat – Istanbul ist einfach nicht kaputt zu kriegen.

*

Manzara, der Aus- und Anblick, ist eines der wichtigsten Worte hier: Der Istanbuler ist ein Betrachtender, oft Meditierender. Und wenn er bloß stundenlang hinter dem Steuerrad seines Autos auf einem Parkplatz am Bosporusufer sitzt und sich vom Teejungen durch das Fenster ein Glas Tee rot wie Hasenblut reichen lässt.

Diese Stadt ist nicht nur gesegnet mit dem Bosporus, sie ist auch gesegnet mit einer Topografie, die den Bosporus in einen Saum von Hügeln bettet, von denen herab sich endlos staunen lässt. Gerade nachts. Ein anderes meiner türkischen Lieblingsworte ist *yakamoz*. Kein Zufall kann es gewesen sein, dass die Macher der deutschen Zeitschrift *Kulturaustausch* vor einigen Jahren ausgerechnet dieses zum schönsten Wort der Welt erkoren: *yakamoz* leitet sich ab vom altgriechischen *diakamos,* welches den »Widerschein des Mondes im Wasser« einfängt – seit Anbeginn dieser Stadt huldigen ihre Bewohner diesem Schauspiel mit nächtlichen Kahnfahrten in den Buchten des Bosporus, begleitet von Gesang und hastig ausgetauschten Liebesschwüren.

*

Unter denen, die der Stadt verfallen sind, gibt es zwei Sorten: die, die für den morbiden Zauber des Vergangenen und des Niedergangs empfänglich sind, eines Abstiegs, der seit dem Todeskampf des Osmanischen Reiches mehr als eineinhalb Jahrhunderte andauerte und jenen Istanbul-Blues hervorbrachte, dem Schriftsteller wie Ahmet Hamdi Tanpınar und Orhan Pamuk ein Denkmal setzten. Und es gibt die Anderen, Jüngere meist, die Aufbruch und Jugend in Erregung versetzen. Yalçın Konuş ist einer von ihnen, kam aus Frankreich zurück nach Istanbul, macht Mode, Musik, alles mögliche. »Wenn du hier auf die Straße gehst, dann hast du das Gefühl, du müsstest gegen den Wind anlaufen. So viel Energie ist hier.« Für beide, für den Melancholiker wie für den Abenteurer, ist der Bosporus Balsam.

»Ich höre Istanbul, meine Augen geschlossen«. Wenn Sie nur ein Gedicht über Istanbul lesen, dann das von Orhan Veli Kanık. Lauschen Sie in diese Stadt: Frühmorgens, manchmal noch vor dem Ruf des Muezzins, werden Sie das Krächzen der Möwen hören, die fett und geschwätzig im Himmel hängen. Was Sie da weckt, gleicht einem Lachen. Dann das Tosen und Hupen auf den Straßen. Das Knattern der Türkeifahnen im starken *lodos*, dem Südwestwind, der so manchem in der Stadt den Verstand aus dem Hirn bläst. Das metallische Klappern, wenn der Löffel auf die blecherne Untertasse des tulpenförmigen Teeglases fällt. Die Sirene der Bosporusfähre, die die Pendler in die Stadt bringt.

Der laute und tiefe Bass, mit dem die mächtigen Tanker ihre Vorfahrt einfordern – ein Bass, der lange Nachhall findet zwischen den Hügeln, die den Bosporus einrahmen. Lassen Sie Ihre Augen ruhig geschlossen! ■

Kai Strittmatter ist seit 2005 Korrespondent der *Süddeutschen Zeitung* in Istanbul. Seine Eindrücke beschreibt er in dem 2010 im Piper-Verlag erscheinenden Buch »Gebrauchsanweisung für Istanbul«.

HOTELS & RESORTS
SENSIMAR
Mein Haus am Meer.
Sie haben es sich verdient.
Urlaub für die Sinne – in den neuen Sensimar Hotels & Resorts. Hier lebe ich auf, spüre, wie mein Körper sich entspannt. Bei persönlichem und individuellem Service, bei sanften Sport- und Wellnessangeboten, bei kulinarischen Genüssen, bei soviel Freiraum und Weitläufigkeit, wie ich es mag – all das in meinem Haus am Meer. Mehr Infos finden Sie in Ihrem Reisebüro mit dem TUI Zeichen oder unter www.sensimar.com.
TUI
Schöne Ferien
World of TUI

istanbul inspirations

Der selbst gemachte Moloch

Istanbul wächst über Nacht ins Unermessliche: Illegale Bauten, die so genannten *gecekondus*, bilden immer neue, vom Staat geduldete Viertel. Die Stadt kennt keine Grenzen mehr

Mit wahnwitziger Geschwindigkeit breitet sich die türkische Metropole aus. 1950 lebten hier etwa eine Million Menschen, seitdem hat Istanbul einen fast so großen Industrialisierungsschub erlebt wie die Städte Westeuropas im 19. Jahrhundert. In den fünfziger Jahren setzte, bald versärkt durch den Bürgerkrieg im Südosten der Türkei, eine Landflucht ein, die das Wachstum immer weiter forcierte. So hat Istanbul seine Einwohnerzahl binnen fünfzig Jahren mehr als verzehnfacht – inoffiziell schätzt man sie heute sogar auf 17 Millionen.

Die Stadt wuchs zunächst vor allem in Richtung Norden und Westen. Mit dem Bau der beiden Bosporusbrücken 1973 und 1988 aber gab es nicht nur in ihrem europäischen, sondern auch im östlichen, asiatischen Teil immer mehr Siedlungen. Der größte Teil der Gebäude entstand damals ohne sachkundige Aufsicht und großteils illegal. Sechzig Prozent der Bauten – so der türkische Architekturwissenschaftler Ali Cengizkan – wurden ohne Baugenehmigung errichtet. Dazu gehören ganze Stadtteile so genannter *gecekondus,* so werden die über Nacht unter Duldung der staatlichen Stellen von Landbesetzern erbauten Häuser genannt. *Gecekondus* wurden oft nachträglich legalisiert und mit Infrastruktur versorgt, weil sich lokale Politiker damit ihre Wahlerfolge sichern wollten.

Das Wort *gecekondu* impliziert eine Landnahme von unten. »*Gece*« heißt »Nacht« und »*kondu*« bedeutet »gesetzt« oder »gelandet«. Der Begriff wurde zum Synonym für die Ansiedlungen der ersten Migrationswelle. Die Einwanderer lösten so schnell, praktisch und unter Umgehung aller bürokratischen Hindernisse die Wohnungsfrage, für die der türkische Staat keine andere Lösung zu bieten hatte.

Der Ursprung des *gecekondus* ist sagenumwoben: Wer über Nacht vier Pfosten und ein Dach darüber errichten könne, so hieß es, habe das Recht, es zu behalten. In diesem Mythos steckt ein Relikt aus den Zeiten, in denen alles Land Staats- also Sultanseigentum war und Individuen lediglich ein vererbbares Nutzrecht gegen Arbeitsleistungen und Steuern zustand. So durfte sich etwa der Bauer neben dem Feld, auf dem er arbeitete, ein Haus errichten. Mit derselben Selbstverständlichkeit baute man sich neben Fabriken Häuser, meist in der anatolischen Tradition des *imece*, der Kollektivarbeit. Legal war diese Landnahme nicht, doch im Interesse aller: So sparte der Staat Urbanisierungskosten, die Fabrik das Wohngeld und die Neuhinzugezogenen waren unter sich und fühlten sich damit weniger fremd in der neuen Heimat.

Die Landflucht ließ die Einwohnerzahl in die Höhe schnellen. Man schätzt sie heute auf 17 Millionen

Auf das immense Wachstum der Stadtbevölkerung konnte weder der staatliche, noch der genossenschaftlich oder privatwirtschaftlich organisierte Wohnungsbau angemessen reagieren. Die Folge: Istanbul wurde zu einer Self Service City, die sich im vergangenen halben Jahrhundert weitgehend durch die Arbeit kleinerer Bauunternehmen und ohne Aufsicht von Architekten oder Stadtplanern dramatisch ausgeweitet hat. Und das, obwohl Fachleute immer wieder vor diesem unkontrollierten Wachstum gewarnt haben. Sie fürchten langfristig um die Frischwasserversorgung, die durch ungeklärte Abwässer bedroht sein könnte, um die Erdbebensicherheit der Gebäude so wie um den Schutz vor großen Fluten.

Nicht nur Siedlungshäuser, auch Autobahnen und andere große Infrastrukturprojekte, Industriegebiete und Shopping Malls wurden in Istanbul ohne behördliche Genehmigung gebaut. Offiziell abgesegnete Stadterweiterungsprojekte wurden realisiert, gleichzeitig andere Gebiete ohne Erlaubnis erschlossen. Viele der *gecekondu*-Gebiete, die zuerst nur mit Hütten oder Einfamilienhäusern besiedelt waren, entwickelten sich im Laufe der Jahre zu dicht bebauten Bezirken, so genannten Post-*gecekondu*-Gebieten. Erstaunlich dabei ist die städtebauliche Ordnung dieser Quartiere: Gemeinsam mit den von offizieller Seite langfristig geplanten Baumaßnahmen sorgen sie in der Stadt für eine interessante Mischung. Siedlungen mit dörflichen Strukturen grenzen direkt an die Vorstädte des Istanbuler Mittelstandes.

Doch dieses bisweilen skurrile Nebeneinander birgt große Gefahren: So verzichtete man nicht nur auf den Rat von Architekten und Stadtplanern, sondern vernachlässigte auch traditionelle Bauweisen und statische Berechnungen. 1999 kamen bei dem verheerenden Erdbeben nahe Izmit, 100 Kilometer östlich von Istanbul, 17000 Menschen ums Leben. Grund: mangelnde Standfestigkeit der Billig-Konstruktionen. Als im September 2009 eine Flutwelle nach heftigem Regen den Westen Istanbuls verwüstete, war klar, dass die unkontrolliert in ausgetrocknete Flusstäler platzierten Gebäude die Katastrophe verschlimmert haben.

Die Regierung von Recep Tayyip Erdoğan will nun mit neuen Vorschriften Abhilfe schaffen. Ihre liberale Wirtschaftspolitik hat das Land für internationale Investitionen geöffnet und ihm ein immenses Wirtschaftswachstum beschert. Das zeigt sich nun auch in der Stadtentwicklung: Konzernzentralen sind aus dem Zentrum abgewandert und haben sich zusammen mit Shopping Malls in den Randgebieten angesiedelt, die noch in den späten vierziger Jahren eine Gartenstadt-Idylle versprachen. Einfamilienreihenhäuser liegen nun in direkter Nachbarschaft zu neuen Hochhausanlagen, die ohne jeden Sinn für Maß und Größe rücksichtslos dazwischengeklotzt wurden.

Selbstbedienung in Istanbul: Wohl 60 Prozent aller Gebäude sind ohne Baugenehmigung entstanden

Die Entwicklung von Stadtteilen wie Levent und Maslak wurde vor allem durch Großinvestitionen geprägt. Der stärker gewordene Mittelstand bevölkert zunehmend neue *gated communities*, in denen die Bewohner ihren Besitz mit Zäunen und Wachpersonal vor den Blicken und dem Zugriff ihrer Nachbarn meinen schützen zu müssen.

Ihsan Bilgin, Istanbuls bekannter Stadtanalytiker, spricht in diesem Zusammenhang von einer »Doppelstruktur«: Es sei, als lege sich über die von 1950 bis etwa 1990 gewachsene Stadt in den vergangenen Jahren eine zweite Struktur, die mit der bestehenden absichtlich nicht verzahnt werde. Diese Gegenden seien besonders auf Abschottung gegen ihre direkte Umgebung angelegt.

Das gestiegene Interesse an Investitionen in der Bosporus-Metropole nahmen der Istanbuler Bürgermeister Kadir Topbaş und die Nationalregierung zum Anlass, einen neuen Stadtentwicklungsplan zu verabschieden. Ehemalige *gecekondu*-Gebiete sollen großflächig enteignet, neu geplant und danach erdbeben- und flutsicher bebaut werden. Gleichzeitig entdeckten begüterte Istanbuler alte Stadtteile wie Fener und Balat auf der Halbinsel, aber auch Beyoğlu auf der anderen Seite des Goldenen Horns neu und leiteten so die Renaissance dieser Viertel ein. Alte Häuser, die seit dem Exodus ihrer nicht-muslimischen Bewohner zum Teil leerstehen, aber auch Banken und Bürogebäude werden sorgfältig renoviert oder umgebaut. Zu den wichtigsten innerstädtischen Projekten gehört auch die Erneuerung der Industriegebiete am Bosporus und am Goldenen Horn.

Moderne, leistungsfähige Verkehrsinfrastrukturen, U-Bahnen, eine dritte Bosporusbrücke und der Eisenbahntunnel zwischen Europa und Asien sind in Planung, zum Teil schon im Bau. Sie werden für schnelle Verbindungen innerhalb der Stadt und in die Stadt hinein sorgen. Istanbul dehnt sich dabei immer weiter aus und erneuert sich gleichzeitig von innen heraus. Das Wachstum kennt bis jetzt keine Grenzen. ■ *Olaf Bartels*

Wo der Platz knapp ist, wächst Istanbul zwangsläufig in die Höhe: Oberhalb von Ortaköy, dort, wo die erste Brücke scheinbar neben der Ortaköy-Moschee auf die europäische Seite stößt, erheben sich die Bürohäuser von Levent

TEXT **GUNNAR KÖHNE** FOTOS **MARION BECKHÄUSER**

Der BOSPORUS

Zwei Kontinente, eine Stadt und mittendrin die schönste Meerenge der Welt. Eine Passage zwischen Orient und Okzident

Auf dem Wasser kommt die Stadt zur Ruhe und mancher an Bord ins Träumen. Mehrere Fährlinien verbinden die Viertel auf europäischer Seite mit denen am asiatischen Ufer

Knotenpunkt: der Bahnhof Haydarpaşa auf asiatischer Seite

Pendler: Viele arbeiten in Europa, wohnen billiger in Asien

Wenn Zerhan Gökpınar mit einem Gläschen Wein an ihrem kleinen Steg sitzt und die Sonne von Europas Ufer satt herüberglüht, dann schiebt sich manchmal Ismail Akkova mit seiner »Sükran« dazwischen und stellt Gökpınar in ihrem Liegestuhl für ein paar Sekunden in den Schatten. Die »Sükran« ist meistens auf dem Weg ins Schwarze Meer, um einige Millionen Kubikmeter Flüssiggas aus der rumänischen Hafenstadt Konstanza abzuholen.

Gökpınar zuckt mit den Schultern und lacht. Die 60-Jährige liebt den Bosporus vor ihrer Haustür – mit allem, was darauf schwimmt: den schaukelnden Nussschalen der Fischer, den behäbigen *vapur*, den städtischen Dieseldampfern, den weißen Yachten, den Ausflugsbooten mit ihrer scheppernden Discobeschallung. Aber auch riesige Containerschiffe und Öltanker wie die »Sükran« mag sie. »Sonst wäre das Meer doch langweilig und leer!«

Leer war es auf dem Bosporus auch zu Zeiten von Zerhan Gökpınars Großvater nicht. Der hieß Hekimbaşı Salih Efendi, diente drei Sultanen als Leibarzt und hatte den Rang eines Paschas inne. Für die Sommermonate baute er für sich, seine dritte Frau und seine drei Töchter ein *yalı*, eine Sommervilla aus Holz. Wenn er damals auf den Bosporus blickte, sah er die *kayık* vorbeifahren, schlanke Ruderboote, und die Kriegsflotte des untergehenden Osmanischen Reiches. Heute ist die dunkelrote Hekimbaşı-Villa, in der Zerhan Gökpınar lebt, eine der schönsten Perlen des Bosporus-Ufers.

Kapitän Ismail Akkova nimmt sie nicht wahr. Der hagere Mann mit Dreitagebart und tadellosem weißen Hemd starrt immerzu auf die Bugspitze der »Sükran«, während er an osmanischen Palästen, Yachthäfen und Ausflugslokalen vorbeizieht. 3000 Bruttoregistertonnen bringt sein Tanker auf die Waage. Seit 30 Jahren fährt Akkova zur See, genauso lange kennt er den Bosporus und seine Tücken. Der Kapitän schaut seinem Steuermann über die Schulter auf die Instrumente. Er ist zufrieden – der Kurs stimmt.

Gut 30 Kilometer lang, 660 bis 3300 Meter breit, 30 bis 120 Meter tief. »Der

Beste Lage: Die Uferzeile wird chic, alte Häuser sind selten

Guter Fang: Istanbuler Männer lieben das Angeln am Bosporus

Für die Istanbuler ist der Bosporus ein Meer, das nur ihnen gehört

Bosporus«, knurrt Akkova, »ist schön, aber gefährlich.« Heute befahren täglich bis zu 150 Schiffe die Meerenge, jedes zehnte ist ein Öltanker, die meisten kommen aus Russland. Akkova zeigt auf einen pilzförmigen Radarmast am Ufer: »Ein satellitengestütztes Leitsystem. Die Seefahrtsbehörde kann von der Einsatzzentrale aus die Route jedes Schiffes verfolgen und über Funk eingreifen, wenn es von seinem Kurs abkommt.«

Eine Katastophe soll so verhindert werden. Eine Katastrophe wie sie Istanbul am 15. November 1979 traf, als das rumänische Tankschiff »Independenta« einen griechischen Frachter rammte und in Flammen aufging. Der brennende Rohölteppich tauchte die ufernahen Stadtviertel in tiefschwarze Nacht und ließ im Bahnhof Haydarpaşa die Bleifassungen in den Fenstern schmelzen.

»Kennen Sie sonst noch ein Meer, an dem man das andere Ufer sehen kann?« Zerhan Gökpınar schaut aus den Butzenscheiben auf das dunkel glitzernde Wasser. Der Salon ihres Hauses ist mit Biedermeier-Mahagoni zugestellt, die Sekretäre und Anrichten sind verschwenderisch mit Perlmutt belegt. Alte Perserteppiche bedecken jeden Quadratzentimeter des Parketts, und auf einem Tisch liegt eine geöffnete Schatulle mit dem silbernen Operationsbesteck des Großvaters. Ein Foto an der Wand zeigt sein Bild: ein ernst dreinblickender Mann mit langem Bart und Fes.

Zerhan Gökpınar trägt Jeans, ihr graumeliertes Haar ist kurz geschnitten. Die Paschaerbin arbeitet als Sekretärin. Ihr Zuhause ist ein Idyll, wäre da nicht die chronisch verstopfte zweite Bosporus-Brücke, die von weitem so schlank und elegant wirkt. Gökpınar kennt sie aus der Nähe: Sie ist gewöhnt an den ununterbrochen rauschenden Verkehr, die Nerven sägenden Schwingungen der Hängekonstruktion und den Staub, der von ihr herunterrieselt. Die Regierung in Ankara will, gegen alle Einwände, eine dritte Brücke in Auftrag geben.

Von der Brücke der »Sükran« aus erscheint die über 60 Meter hohe Hängebrücke zum Greifen nahe. Unten an der Wasseroberfläche tosen die gefürchteten Bosporus-Strömungen, das Wasser vom Schwarzen Meer rauscht südwärts Richtung Ägäis.

Kapitän Akkova nippt an dem Teeglas, das ihm sein Maat gebracht hat: »Die Strömung kann das Schiff mit bis zu sechs Knoten Geschwindigkeit zum Ufer hin drücken. Sehen Sie den Matrosen vorne am Bug? Der hat die Aufgabe, im Notfall sofort den Anker zu setzen.« Mit bloßem Auge kann der Kapitän auf der Brücke die Drinks unterscheiden, die an den Pools an Land getrunken werden – so gefährlich nahe kommt der Koloss stellenweise dem Ufer. Es gibt kaum ein Restaurant am Wasser, das nicht schon mal von einem Boot oder Schiff gerammt worden ist.

»Als Kinder«, erinnert sich Zerhan Gökpınar kichernd, »sind wir beim Baden wegen der Strömung immer zwei Häuser weiter unten bei Nachbarn aus dem Wasser gestiegen.«

Kaum hat die »Sükran« die Hekimbaşı-Villa und die zweite Brücke passiert, schaukelt *Gazi Baba* mit seinem

Fließender Verkehr: 150 Schiffe täglich

In Bereitschaft: Per Telefon rufen Kunden Gazi Babas Wassertaxi

Kapitäne haben Respekt vor der Meerenge, die Strömung ist gefürchtet

Kahn ins Bild. Beim Anblick des Riesen drosselt der alte Mann seinen stotternden Dieselmotor und dreht bei, gleich neben einer Terrasse, auf der sich eine Schönheit im Bikini räkelt. Der Größere hat Vorfahrt.

Alle nennen Ibrahim Sertel *Gazi Baba*, »Veteranen-Opa«, weil er 1951 im Korea-Krieg gekämpft hat. Im Unterstand seines hellblau bepinselten Bootes hängt ein Bild, das ihn ordenbehängt zeigt. Der 76-Jährige ist auf dem Weg zur europäische Seite, um einen Fährgast abzuholen. Am Anleger von Kanlıca haben Sertel und drei Kollegen ein rosa Telefon mit Wählscheibe auf ein Resopaltischchen gestellt. Ein Anruf genügt. Die Überfahrt von Europa nach Asien kostet nur 2,50 Euro.

Die andere, die europäische Seite, sei viel lebhafter, da brumme es Tag und Nacht. »Bei uns dagegen, in Asien, ist um 22 Uhr Bettruhe.« Schon als Zwölfjähriger sei er mit seinem Vater zum Fischen hinausgerudert. »Schwertfische gab's damals im Bosporus!« Der alte Mann zieht seinen Schnauzbart verächtlich nach unten. »Heute fängst du höchstens noch Heringe.« Zwischendurch war er als Matrose auf hoher See, hat in Emden und Finnland angelegt. »Ich hätte in Emden bleiben können.« Aber Sertel kam wieder zurück an den Bosporus. »Es gibt viele schöne Meere, aber keine schönere Meerenge.«

Arnavutköy, Ortaköy, Yeniköy. Viele Ortsnamen entlang des Bosporus enden auf »-köy«, also »-dorf«. Noch vor einer Generation sagten die Bewohner von Albanerdorf, Neudorf oder Mitteldorf »Wir fahren nach Istanbul«, wenn sie Richtung Goldenes Horn aufbrachen. Aus den Dörfern sind längst Stadtteile geworden, und die wohlhabenden Neuankömmlinge Istanbuls haben mit ihren *deuiz manzaralı*, den »Meerblick-Apartments«, die Hänge zugestellt. Doch in den Gassen hat der Dorfcharakter überlebt: Kinder spielen auf verkehrsberuhigten Straßen, Katzen dösen in der Sonne und Parkbänke stehen im Schatten von Schirmkiefern. Die Uferstraßen am Bosporus verlaufen mal vor, mal hinter den Prachtresidenzen, führen entlang an hohen Mauern, scharfen Hunden und automatischen Doppelgaragentoren. Mittendrin eine Baulücke: Platz für zwei Verliebte, Kopf an Kopf mit Blick aufs Wasser und einer Flasche Wein.

Im Sommer erobern sich die Istanbuler ihr Meer zurück. Mit ausgedienten Yoghurteimern und Angelruten stehen Rentner mit Strohhut und bloßem Oberkörper schwatzend beisammen oder werfen in Zeitlupe ihre Köder aus. Teeverkäufer verteilen randvoll gefüllte Tulpengläser. Halbstarke in Shorts hechten in die dunkelgrünen Fluten. Über ölverschmierte Schiffstaue klettern sie zurück auf ihre Betonplatten-Riviera.

Das Abendrot rutscht langsam hinter die Festung Rumeli Hisarı. Zerhan Gökpınar feuert den Ofen ihres Hamams an. Ismail Akkova lenkt die »Sükran« aus dem Bosporus in die Weite des Schwarzen Meeres. Und Gazi Baba sitzt in seinen ausgebeulten Hosen neben dem rosa Telefon und wartet auf Fährgäste, die noch schnell rüberwollen nach Europa. ■

ART CENTER

AKBANK ART CENTER

Akbank Art Center is a prestigious institution that supports the most prominent contemporary art activities in Turkey and has hosted many highly acclaimed events in visual arts, music, theater and dance since 1993. Akbank Sanat has established a permanent role in the cultural and artistic life in Istanbul.

Exhibitions, concerts, theatre, workshop activities, dance shows, panels and film screenings are some of the main activities that Akbank Art Center organizes in its central building in Beyoglu. Also, activities such as Akbank Jazz Festival, Akbank Chamber Orchestra, Akbank Short Film Festival, and Dance Project are being presented to art-lovers in different spaces around Istanbul as well as other cities in Turkey.

International exhibitions take place in Akbank Art Center's Gallery. The exhibitions which have been organized, have activated dynamic qualities in local and international arena in a globalizing art world. Akbank Art Center is always seeking for improvements within arts and has become one of the most important art spaces in Istanbul. Important examples of contemporary art by world famous artists are being brought together with art-lovers through solo and collective exhibitions. Bringing outstanding works of contemporary art to art enthusiasts in Turkey, through group and personal exhibitions by world renowned artists, Akbank Art Center hosts six exhibitions every year. Conferences, film screenings and workshops are also organized during these exhibitions. Collaborations are made with significant art centers throughout the world and Akbank Art Center continues to consolidate its major position within the international platform.

Akbank Art Center is undertaking and leading the task of raising intellectual thinking through inviting world famous philosophers, artists, and writers. Hence, hosting today's greatest thinkers, Akbank Art Center is also giving opportunity to young artists and continues to support the improvement of contemporary art in Turkey. Also, Akbank Art Center hosts many seminars, workshops, and panels in order to make a platform that investigates and discusses the interdisciplinary structure for contemporary art.

Akbank Art Center is a pioneering institution that has proven itself by seriously addressing the issue of "avant-gardism" in the developmental process of the contemporary arts in Turkey. Akbank Art Center's mission consists of keeping Istanbul up to date on developments in art which are taking place elsewhere in the world, of supporting Turkish artists internationally, and of presenting the works of non-Turkish artists to viewers in Istanbul.

www.akbanksanat.com

AKBANK
SANAT
BEYOĞLU

Antike bremst Hightech

Die Bahnröhre zwischen Europa und Asien ist eines der ehrgeizigsten Verkehrsprojekte weltweit. Und zugleich eine Herausforderung für die Archäologen, die hier in Windeseile alte Schätze bergen

Eine durchgehende Bahnlinie von Berlin nach Bagdad, das war der Orienttraum von Kaiser Wilhelm II. Darum besorgte er seinem Freund Sultan Abdülhamit II. Ende des 19. Jahrhunderts einen deutschen Bankenkredit für den Bau der Bagdad-Bahnlinie. Auf Schienen quer durch Kleinasien und Mesopotamien bis zum Persischen Golf sollte die Reise gehen. So weit kam es nie. Das Osmanische Reich zerfiel zunehmend und konnte die Rechnungen nicht mehr bezahlen.

Von der Berliner Orientbegeisterung sind noch zwei neoklassizistische Prachtbauten geblieben: die Istanbuler Sackbahnhöfe Sirkeci (Europa) und Haydarpaşa (Asien), beide von deutschen Architekten entworfen. Wer mit der Bahn von Europa in den Orient will, muss also immer noch in Sirkeci aussteigen und mit einer Fähre zum asiatischen Ufer übersetzen. Von Haydarpaşa aus geht es dann weiter Richtung Osten.

Der Tunnel als Rettung: Die Stadt droht am Verkehr zu ersticken

Aber in wenigen Jahren werden die zwei Sackbahnhöfe ausgedient haben und der anstrengende Wechsel zwischen Zug und Fähre Vergangenheit sein. Bald reist man nonstop zwischen den Kontinenten. Auf dem Meeresgrund, wo Bosporus, Goldenes Horn und Marmarameer aufeinandertreffen, wartet das ehrgeizigste Verkehrsprojekt in der Geschichte der modernen Türkei auf seine Vollendung: eine haushohe Doppelröhre, durch die vermutlich ab 2013 die ersten Züge rauschen sollen.

Eineinhalb Kilometer lang ist der Tunnel, elf Röhren wurden im Meer versenkt und von japanischen Experten mittels GPS millimetergenau zusammengesteckt. »Wir mussten höllisch aufpassen. Die Strömungen des Bosporus sind an dieser Stelle sehr stark«. Stolz steigt Zekirya Kapanc, Ingenieur beim federführenden Marmaray-Konsortium über eine eiserne Wendeltreppe in die Tiefe hinab. »Nachdem die Röhren halb im Meeresboden versenkt waren, mussten sie noch mit einer Betondecke versiegelt werden. Es gibt längere Unterwasser-Tunnelröhren, aber tiefere nirgendwo.«

Erdbeben bis zu einer Stärke von 9,0 halte die Röhre aus, das schwören die Konstrukteure. Kapanc zeigt einen Fluchtraum, der bei Flutung des Tunnels versiegelt werden kann. An den feuchten Wänden stapeln sich Trinkwasserkanister und Wolldecken. 1,7 Mio. Passagiere pro Tag sollen später in Nah- und Fernzügen durch die transkontinentale Röhre rauschen, die Regierung in Ankara will das Land mit einem modernen Schienennetz stärker an Europa anbinden. Den nötigen Kredit gab unter anderem die Europäische Investitionsbank.

Zum Projekt »Marmaray« gehört nicht nur der Tunnel: Das Schienennetz der Metropole wird vollständig erneuert, Stadtbahnen und Fernzüge werden auf dem Weg hinunter ins Marmarameer unter der Hagia Sophia und der Blauen Moschee hindurchgeführt – der lange Anlauf ist notwendig, sonst wäre das Gefälle zu stark. Am Anfang dieses Tunnels, in Yenikap, soll ein großer Umsteigebahnhof mit U-Bahnanschluss in die Büro- und Bankenviertel der Stadt entste-

Albtraum für Tunnelbauer: eines der 33 Schiffe, gesunken in einem Sommer vor etwa 1200 Jahren, gefunden dort, wo die Metro zukünftig halten soll. Die exakte Jahreszeit verrieten die Kirschkerne an Bord

Mit dem Schnellzug nonstop von Europa nach Asien: 1,7 Mio. Passagiere pro Tag sollen später durch die 1,4 Kilometer lange, im Meeresboden versenkte Röhre rauschen

hen. Nur einen zentralen Hauptbahnhof statt der beiden ausrangierten Sackbahnhöfe wird Istanbul auch in Zukunft nicht haben.

Wo längst Züge rollen sollten, liegen Funde aus dem Neolithikum im Weg

Doch ausgerechnet in Yenikap , unweit der byzantinischen Seemauern, stellt sich die glorreiche Vergangenheit Istanbuls dem Jahrhundertprojekt in den Weg: Weiße Zeltdächer und Sprinkleranlagen, wo eigentlich der Bauplatz des U-Bahnhofs sein sollte. Unter den Planen hockt Cemal Pulak mit seinen Studenten. Der türkische Archäologe mit Lehrstuhl in Texas hat hier den »Hafen von Theodosius« frei gelegt, benannt nach dem Kaiser, der das oströmische Reich von 379 bis 395 regierte. »Gegen Ende des ersten Jahrtausends muss es einen großen Sturm gegeben haben, der viele Schiffe in diesem Teil des Hafens sinken ließ. Dieser große Hafen unterstreicht, dass Byzanz auch eine Großmacht zur See war«.

Bäuchlings spritzt ein Mitarbeiter Pulaks mit einem Schlauch Schlamm unter einem freigelegten Schiffswrack fort. Dann tastet er mit seinen Händen den Boden unter dem Holz ab und zieht ein paar Amphorenscherben hervor. Der 14 Meter lange Schiffsrumpf ist fast vollständig erhalten – dank dem Hafenschlick, in dem das Boot versunken war. Fast drei Dutzend Wracks wurden hier nach über tausend Jahren wieder ans Tageslicht gebracht. Darunter schlanke, leichte und wendige Handelsschiffe, die die aufstrebende Reichshauptstadt mit Wein und Getreide versorgten. Der Theodosiushafen war einer der wichtigsten seiner Zeit. Gewürze aus dem fernen Orient wurden hierher verschifft, aber auch Gold und Silber aus Russland. Vieles davon fiel beim Löschen der Fracht über Bord, Schätze, über die Archäologen heute jubeln. Aber das frei gelegte Hafenbecken ist auch mit Tierknochen übersät. »In der Nähe muss es einen Schlachthof gegeben haben«, erklärt Pulak. »Die Schlachtabfälle wurden offensichtlich ins Hafenbecken gekippt«. Das maritime Tor zum byzantinischen Weltreich – eine stinkende Kloake.

Die Liste aufregender Funde ist lang: Fundamente einer Kirche, ein altes Stadttor und sogar menschliche Knochen und Siedlungsspuren aus dem Neolithikum wurden in Yenikap nebenbei freigelegt. Letztere sind eine Sensation, zeigen sie doch, dass das heutige Istanbul nicht wie bisher angenommen 2700 Jahre alt, sondern vielleicht ganze 5000 Jahre älter ist.

Für weitere umfangreiche Grabungen bleibt den Archäologen nicht mehr viel Zeit, denn Zeit bedeutet in diesem Fall Geld. Stadt und Regierung wollen endlich fertig werden. Im Ostteil des Ausgrabungsfeldes klafft bereits eine tiefe Bahntunnel-Schlucht. Dass auch hier mit jedem gegrabenen Meter neue Funde zutage treten, darf keine Rolle mehr spielen.

Die meisten Fundstücke – ihre Zahl geht in die Zehntausende – werden katalogisiert und dann wieder an ihrem Fundort vergraben. Die wertvollsten und schönsten Fundstücke aus Theodosius' Hafen jedoch sollen später in den Untergrundbahnhöfen der neuen Bahnlinie ausgestellt werden. Vielleicht schon 2013. ■

Gunnar Köhne

Horror für Archäologen: Zügig wird an den Röhren des gigantischen Tunnels gebaut– viel zu schnell, um alle Funde konservieren zu können

Pera: der Wes

Savoir vivre in Beyoğlu: Das Café Markiz (heute Robert's Coffee) in der İstiklal Caddesi mit seinen Jugendstil-Kacheln ist eines der wenigen original erhaltenen Gebäude aus dem 19. Jahrhundert

ten im Osten

Ein bisschen Paris, ein wenig Soho, Avantgarde und alter Adel. Der Kern des heutigen Beyoğlu ist das alte Pera, einst Stadt der Europäer und heute Zentrum des modernen Istanbul

TEXT **STEFANIE ROSENKRANZ** FOTOS **MARION BECKHÄUSER**

»Ein Monument, auf das selbst Paris stolz wäre« nannte man die Passage »Cité de Pera« bei ihrer Eröffnung 1876. Heute residieren in der »Blumenpassage«, der »Çiçek Pasajı«, teure Restaurants

Bis in die Achtziger Rotlichtmilieu, jetzt beliebte Ausgehmeile: Nahe dem Tünel-Platz lässt sich wunderbar Meze unter freiem Himmel genießen

»Pera« bedeutet »Jenseits«. So nannten die Byzantiner die Stadt der Europäer

Es gibt Tage, da könnte man meinen, Pera sei kein Teil von Beyoğlu, sondern eine Nervenklinik unter freiem Himmel. Auf der İstiklal Caddesi, der Straße der Unabhängig-keit, prallt Tag und Nacht millionenfach alles aufeinander, was in der Türkei nicht zusammengehört: fromme Fundamentalisten und überschminkte Transsexuelle, verschleierte Frauen und russische Prostituierte, die Jeunesse dorée der Stadt und bitterarme Straßenkinder, Zigeuner und Konsulatsbeamte.

Wenn man geradeaus guckt, stolpert man über den Beinstumpf eines Bettlers, wenn man auf seine Füße schaut, rennt man in eine komplett verhüllte Oma. Es schreien die Losverkäufer und Schuhputzer, es brüllen die Muezzine und Türsteher, aus jedem Laden dröhnen die Dezibel. Beschallt mal von Techno, mal von Volksmusik, mal von Polizeisirenen, und hin- und her geschoben von Menschenmassen, Müllwagen und Fernsehteams, die hier ununterbrochen Volkes Stimme aufnehmen, fühlt man sich wie im Schleudergang einer Waschmaschine.

Dann ist es Zeit, einen stillen Ort zu suchen – die armenische Kirche am Fischmarkt etwa, wo man fernab vom Getöse verschnaufen kann. Oder den Hof der griechisch-orthodoxen Hagia Triada am Taksim-Platz, wo Hunde, Katzen, eine Hühnerschar nebst angeberischem Gockel und einige Gänse einem das Gefühl geben, sich inmitten der 17-Millionen-Stadt auf einem Bauernhof entspannen zu können. Oder man besucht eines der vielen Cafés auf den Dächern von Pera und bestellt selbst gemachte Limonade, doch kaum schickt man sich an, den Blick über die Moscheen auf der anderen Seite des Goldenen Horns zu genießen, beginnt der Barde vom *türkü evleri* gleich nebenan mit seinem Geschluchze über die Liebe und das Leben. *Türkü Evleri* sind »Häuser der Volksmusik«, und davon gibt es viele in Pera. In Pera gibt es ohnehin von allem zu viel.

»Früher war das Viertel von einer Eleganz, die man sich heute gar nicht mehr vorstellen kann, und die İstiklal, die einst Grande Rue de Pera hieß, war mindestens so schön wie das Faubourg Saint-Honoré in Paris«, sagt Arlette Diamantstayn, Inhaberin eines Juwelierladens gleich neben dem niederländischen Konsulat. »Ich musste Spitzenhandschuhe und Strohhut tragen, wenn ich ausging. Die Frauen trugen Seidenstrümpfe, die Männer Anzüge, und kein Mensch hätte sich in Sandalen auf die Straße getraut. Wenn man überhaupt ein Kopftuch sah, dann war es von Hermès.«

Draußen flanieren, marschieren, rennen oder rempeln gegelte Jungs, gepiercte Mädchen, Männer, die eigentlich Frauen sind, Frauen mit Kopftüchern und Plastiktüten, bärtige Männer mit gehäkelten Mützen und Gebetsketten, Kinder jeden Alters und Touristen aus aller Herren Länder von links nach rechts und von rechts nach links. Drinnen, in der Kühle einer Klimaanlage, blickt Madame Arlette inmitten von Goldketten, Perlencolliers und winzigen Jugendstil-Armbanduhren angeekelt durch ihr Schaufenster und ringt die Hände.

Hier wächst zusammen, was nicht zusammengehört

Während sie ein Armband in der Vitrine zurechtrückt, erinnert sie sich traurig: »Nur gute Familien lebten hier. Gute christliche Familien, gute jüdische Familien, gute muslimische Familien. Wir waren kosmopolitisch, aber wir waren unter uns. Es gab herrliche Bälle im Cercle d'Orient und im Club Suisse. Die sind längst umgezogen, und ihre Mitglieder auch. Niemand lebt mehr hier.« Erbost blickt sie auf ein Paar draußen vor der Scheibe – sie bis zur Nasenspitze in schwarze Tücher gehüllt, er im Jogging-Anzug – das sehnsüchtig in ihr Schaufenster starrt. »Die kennen gar nicht den Unterschied zwischen einem Eimer aus Plastik und einer Schüssel aus Silber.«

Pera bedeutet auf griechisch »Jenseits«. Gemeint ist damit nichts Spirituelles, sondern einfach nur der Hügel jenseits des Goldenen Horns. Auf der einen Seite residierten einst die Kaiser von Byzanz, auf der anderen die Genuesen. Die kontrollierten den Handel des Imperiums und hatten in Pera eine blühende Kolonie aufgebaut. Damals wie heute wurde die Skyline dominiert vom 1348 gebauten Galata-Turm.

Als Mehmet der Eroberer 1453 Konstantinopel und Pera besetzte, machte er die Bewohner des Hügels zu Schutzbefohlenen des Osmanischen Reiches. Sie durften ihre »Riten und Gebräuche« beibehalten, doch wurde ihnen das Läuten der Kirchenglocken verboten, Konkurrenz zum Gebetsruf des Muezzins war nicht erwünscht.

Ansonsten aber waren dem Sultan die »Süßwasserfranken«, wie die Türken die Italiener Istanbuls nannten, willkommen. Und nicht nur sie: Armenier, Griechen, verfolgte Juden und vertriebene Mauren aus Spanien waren allesamt herzlich eingeladen, sich in der neuen Hauptstadt des aufstrebenden Reiches anzusiedeln.

Während in Europa Andersgläubige ausgestoßen und Ketzer verbrannt wurden, garantierte Sultan Mehmet den nicht-muslimischen Minderheiten Religionsfreiheit. Konstantinopel wurde die erste multikulturelle Hauptstadt der Welt, und nirgendwo war das so zu spüren wie rund um den Galata-Turm. Zu den Genuesen gesellten sich Florentiner und Venezianer – in Pera wurde alljährlich Karneval gefeiert, getanzt »bis der Marmor schmolz«, wie ein Zeitgenosse notierte, und generell so gelebt, dass »man denkt, man sei in Italien«, wie ein anderer fand.

In der Folgezeit zogen auch andere Westeuropäer sowie Griechen, Armenier und Juden zu. »Die Griechen betreiben die Tavernen, die meisten Armenier sind Kaufmänner oder Geldwechsler, die Juden vermitteln bei amourösen Intrigen, und ihre Jugendlichen sind die schlimmsten Anhänger des Lasters«, berichtete ein muslimischer Zeitzeuge. Die Frauen von Pera stolzierten schon damals so aufgetakelt durch die Gegend, »dass sie aus jedem

Istanbuls älteste Luxusherberge: Das »Pera Palace Hotel« wird 2010 frisch renoviert wieder eröffnet

Ausgehen mit Ausblick: Auf der Dachterrasse des »360istanbul« hat man freie Sicht über die ganze Stadt

In den Sechzigern war Pera ein Zentrum gepflegter Kinokultur: Heute laufen hier türkische Blockbuster

Gesunde Ware: Straßenhändler bieten frisch gepresste Säfte aus Granatäpfeln und Orangen an

Die türkische Nation ist jung. Und lebenslustig

Die Cezayir Sokak heißt nicht zufällig auch French Street: Die vielen Cafés in schräger Hanglage erinnern ein wenig an Montmartre

Auch die Kunst hat ihren Platz im Viertel gefunden: Arbeiten New Yorker Künstler im 2005 eröffneten Pera-Museum

Die alten Osmanen neu interpretiert: In diesem Szenecafé hat man gern die große Tradition im Rücken

Heiligen einen Teufel machen können«, wie es über sie hieß.

Inzwischen reichte das osmanische Imperium von Marokko bis Mesopotamien und von Polen bis zum Jemen. Jeder Staat, der etwas auf sich hielt, schickte Botschafter an den Bosporus. Die ersten, die eine ständige Vertretung in Pera eröffneten, waren 1535 die Franzosen, es folgten die Venezianer, Niederländer, Polen, Briten, Österreicher, Preußen, Russen, Schweden. So wurden die Felder nördlich und östlich vom Galata-Turm nach und nach urbanisiert. Die ausländischen Diplomaten residierten in prunkvollen Palästen rund um die Grande Rue de Pera, umgeben von einem Hofstaat. Wenn etwa der französische Botschafter vom »Palais de France« zur Ostermesse in die Kirche Saint Louis gleich um die Ecke aufbrach, bahnten ihm osmanische Janitscharen sowie so genannte *jeunes de langue,* Vorläufer von Erasmus-Studenten, die aus Frankreich nach Istanbul geschickt worden waren, um orientalische Sprachen zu lernen, den Weg. Anschließend folgte der Ambassadeur hoch zu Ross – die Straßen waren zu steil und schmal für Kutschen –, gefolgt von Lakaien, seiner Familie, seinem Haushalt und sämtlichen Franzosen Istanbuls.

Vermutlich wurden vor dem Kirchgang die Leichen entfernt, die gelegentlich am Portal des französischen Gerichts hingen. Dort ist heute der Kindergarten Pierre Loti untergebracht. Aber noch immer steht an der Fassade: »Force, Lois, Justice«, also »Stärke, Gesetz, Justiz«; von »Liberté, Égalité, Fraternité« war damals noch nicht die Rede. Die wechselnden Sultane räumten den europäischen Mächten weitreichende Privilegien ein, die in so genannten »Kapitulationen« festgelegt waren. Dadurch genossen die Ausländer nicht nur Handelsvorteile, sondern konnten noch dazu nach ihren eigenen, nationalen Gesetzen leben.

Um jede Botschaft herum gab es einen Speckgürtel von Spionen, Übersetzern, Ärzten, Missionaren, Kaufleuten, Handwerkern und Kirchen. Auf den Straßen ging es zu wie beim Turmbau zu Babel. »In Pera sprechen sie Türkisch, Griechisch, Hebräisch, Armenisch, Arabisch, Persisch, Russisch, Serbokroatisch, Rumänisch, Niederländisch, Deutsch, Französisch, Englisch, Italienisch und Ungarisch«, schrieb 1718 Lady Mary Wortley Montagu, Gattin des britischen Gesandten. »Und was noch schlimmer ist: Mindestens zehn dieser Sprachen werden auch in meinem Haushalt gesprochen. Meine Kammerdiener sind Araber, meine Lakaien Franzosen, Engländer oder Deutsche, mein Kindermädchen ist Armenierin. Meine Dienstmädchen sind Russinnen, mindestens die Hälfte der anderen Dienstboten Griechen. Mein Kutscher ist Italiener, und meine Janitscharen sind Türken.«

Weil es im Osmanischen Reich keinen Herrscherhof im westlichen Sinne gab, füllten die Botschaften die gesellschaftliche Lücke. Zu den prächtigen

Diners in Pera gesellten sich gelegentlich auch osmanische Würdenträger, selbstverständlich ohne Frauen, die in Harems eingesperrt waren. Hier konnten die Türken sehen, wie die Europäer lebten – und tranken. Manchmal hoben sie ihre Weingläser sogar »auf das Wohl des Propheten«, wie ein russischer Diplomat erstaunt zur Kenntnis nahm, und dabei gelegentlich so viel, dass auf dem Heimweg »selbst die breitesten Straßen zu eng für sie wurden.«

Selbst das große Feuer von 1831 machte Pera nicht den Garaus, im Gegenteil. Die Botschaften wurden noch pompöser wieder aufgebaut. Schulen für die Europäer schossen aus dem Boden; in den meisten wurde auf Französisch unterrichtet, was nach dem Italienischen zur *lingua franca* des Hügels geworden war. So entstanden die Gymnasien Saint-Benoît, Sainte-Pulchérie und Notre Dame de Sion, aber auch das Lycée Impérial Ottoman de Galata-Sérai, gegründet 1868 von Sultan Abdülaziz. Auf dem heutigen Galatasaray Lisesi wurden ganze Generationen von osmanischen und später türkischen Ministern und Diplomaten auf Französisch ausgebildet, des weiteren König Zogu von Albanien und Jitzhak ben-Zvi, zweiter Präsident von Israel, sowie der in seiner Heimat lange Zeit verfemte türkische Dichter Nâzim Hikmet.

Auch die **Bankalar** Caddesi entstand, die Straße der Banken. Die Geldinstitute hinter den heute noch prächtigen Fassaden waren fest in der Hand von Europäern und Levantinern, die am Niedergang des hoch verschuldeten osmanischen Imperiums ziemlich viel Geld verdienten, und einen kleinen Teil davon gelegentlich wieder verteilten. Zum Beispiel der jüdische Bankier Albert de Camondo. Der »Rothschild des Ostens« hinterließ Pera nicht nur die berühmte Camondo-Treppe, sondern gründete auch die erste säkulare jüdische Schule Istanbuls, weswegen er von fanatischen Rabbinern erst exkommuniziert, anschließend verprügelt wurde. Danach zog er enttäuscht nach Frankreich.

1856 bekam das Viertel als erster Stadtteil Istanbuls Gaslampen, zwanzig Jahre später wurde hier die winzige, U-Bahn-Strecke gebaut, eine der ersten weltweit, »Tünel« genannt. Noch heute keucht sie den Berg zwischen Karaköy und der İstiklal Caddesi hoch. Die Grande Rue de Pera wurde zu einer Art Paris in Kleinformat: Die Läden hießen »La Maison des Modes Françaises«, die Gaststätten trugen Namen wie »Café Chantant Parisiana«, und als die überdachte Passage »Cité de Pera« im Jahre 1876 eröffnet wurde, befand die örtliche Zeitung, sie sei »ein Monument, auf das selbst Paris stolz wäre«.

Als 1889 erstmals der Orient-Express von Paris nach Istanbul schnaufte, profitierte davon nicht Sirkeci, wo der Bahnhof lag, sondern Pera: Hier hatte die Compagnie Internationale des Wagons-Lits das hochelegante »Pera Palace Hotel« eröffnet. In Istanbuls erster Luxus-Herberge residierten in der Folgezeit Mata Hari, Agatha Christie, Sarah Bernhardt und Leo Trotzki. Später kam das »Grand Hotel de Londres« hinzu, das heute »Büyük Londra Oteli« heißt und in Fatih Akins Film »Crossing the Bridge« zu sehen ist.

Pera verkam zum Slum – und erlebte ein Comeback

Während Pera glänzte und protzte, verkam das islamische Istanbul. Die muslimischen Bewohner fühlten sich damals im zu drei Vierteln von Christen bewohnten Teil ihrer Stadt wie heute die armen Anatolier vor Madame Diamantstayns Schaufenster: ausgeschlossen. »Wir sind Zuschauer geblieben, während unser Handel, unsere Wirtschaft und selbst unsere Hütten den Ausländern gegeben wurden«, hatte Ziya Paşa schon 1868 in der osmanischen Zeitung *Hürriyet* geschrieben. »Verschleiere dich und schlafe für immer, Hure der Welt«, dichtete später Tevfik Fikret über den Hügel am Goldenen Horn, wo »die westliche Zivilisation all ihren Abschaum hingekippt hat«, so der Journalist Yakup Kadri.

Das Osmanische Reich starb, stranguliert auch von Pera, jener Stadt in der Stadt, deren Bewohner, geschützt durch ihre ausländischen Pässe und Privilegien, einen übermächtigen Einfluss ausübten.

1908 putschten sich die Jungtürken an die Macht, die sich im Ersten Weltkrieg mit den Deutschen verbündeten, weswegen im November 1918 über 3500 britische, französische, italienische und griechische Soldaten Istanbul besetzten. Den Militärs folgten nach dem endgültigen Triumph der Roten Armee 150 000 verarmte russische Flüchtlinge. Die »Cité de Pera« wurde umgetauft in Blumenpassage, wegen der vielen Russinnen, die hier Nelken feilboten und manchmal auch sich selbst. 1923 schrieb eine Gruppe von ehrbaren osmanischen Witwen an den Gouverneur von Istanbul, er möge »die Agentinnen der Sünde und des Verfalls« unverzüglich ausweisen. »Sie sind zerstörerischer als Syphilis und Alkohol.« Allein zwischen Tünel und dem Taksim-Platz gebe es »25 russische Bars«, allesamt Orte, »in die hunderte von jungen Türken jede Nacht ihren Reichtum, ihre Gesundheit und ihre Ehre tragen«.

All das hatte ein Ende, als im Oktober 1923 die letzten ausländischen Truppen die Stadt verließen. General Mustafa Kemal, in der Folgezeit »Atatürk«, »Vater aller Türken«, genannt, hatte Anatolien befreit. Gut zwei Wochen später wurde die Türkische Republik ausgerufen, schon davor war Ankara zur neuen Hauptstadt auserkoren worden. Istanbul, 1528 Jahre Mittelpunkt zweier Imperien, war degradiert. »Vielleicht wird das Schwarze Meer in den Bosporus fließen und alles überfluten«, wünschte sich der neue Landesvater.

Doch nichts dergleichen geschah, zum Glück. Zwar wurden aus den Botschaften Konsulate, und Tausende von Griechen, Arabern, Juden, Russen und Armeniern kehrten der Stadt für immer den Rücken. Doch viele blieben,

Junge Mädchen, alte Schule: Die Deutsche Schule ist nur eine von vielen ausländischen Eliteschulen im Viertel

Zum Dahinschmelzen: An jeder Ecke warten süße Verführungen wie Schokolade und Türkischer Honig

etwa Arlettes jüdischer Vater Jakup Diamantstayn, der 1915 aus der Donaumonarchie nach Istanbul gekommen war und sein Juweliergeschäft hier eröffnet hatte. Er ging auch nicht, als die Türkei den Minderheiten 1942 eine Vermögenssteuer von bis zu 232 Prozent abpresste, was einen weiteren Exodus zur Folge hatte.

»Der Stadtteil blieb trotzdem polyglott«, sagt Madame Arlette. »Wir sprachen deutsch zu Hause. Französisch habe ich auf Notre Dame de Sion gelernt, und unser Kindermädchen sprach griechisch. Doch dann kam der 6. September 1955, und das war das Ende vom Pera meiner Kindheit.« Ein staatlich gelenkter Mob verwüstete Kirchen, Friedhöfe, Schulen sowie die Geschäfte der Griechen, und bei der Gelegenheit auch alles, was anderen Minderheiten gehörte. »Der Hass floss wie Lava durch die Straßen«, schrieb James-Bond-Erfinder Ian Fleming, der sich damals in Istanbul aufhielt.

»Die İstiklal-Straße war ein einziges Trümmerfeld«, so Madame Arlette. »Unser Schaufenster war zerschlagen, unser Schmuck war weg. Nie mehr hat sich mein Vater von diesem Schock erholt. Ein paar Wochen später hatte er einen Herzinfarkt, zwei Jahre später war er tot.«

Nach dem Pogrom verließen Hunderttausende von türkischen Griechen ihre Heimat. Ihre Häuser wurden von Landflüchtlingen aus Anatolien besetzt; Pera verarmte und verkam. Mitte der achtziger Jahre war das Viertel ein Slum. Wer hierher ging, wollte sich entweder in räudigen Bars betrinken oder in der staatlich kontrollierten Bordellstraße vergnügen. Nur die ausländischen Gymnasien, jetzt von türkischen Bürgerskindern besucht, die Konsulate und die meist leeren Kirchen legten Zeugnis ab vom alten Charakter der Gegend. »Es gibt nur eine Möglichkeit, diesen Pfuhl der Sünde zu beseitigen. Mit Bulldozern drübergehen!«, fand ein Journalist.

Statt dessen wurde die İstiklal-Straße Anfang der neunziger Jahre für den Verkehr gesperrt, und eine alte Trambahn wiederbelebt. Restaurants, Boutiquen und Bars mit atemberaubendem Blick über die Stadt machten auf. Heute ist das Viertel wieder hip. »Aber elegant ist es nicht!«, sagt Madame Arlette. »Pera ist tot, zertrampelt von Horden aus Anatolien.«

Womit sie Recht hat, einerseits. Andererseits spielt das auch keine Rolle, denkt man auf dem Weg durchs Viertel, vorbei an Kirchen und Moscheen, an einer Demonstration für die Rechte der Kurden und einer anderen dagegen, an wunderschönen alten Häusern und leprösen Betonklötzen. Hier wächst zusammen, was nicht zusammenpasst. Hier entzweit sich, was füreinander bestimmt war. Wie der türkisch-griechische Schriftsteller Georgios Theotokas einst schrieb: »Es ist ein Ball der Wahnsinnigen.« ■

Bunte Mischung aus aller Welt: Im Herzen des Großen Basars finden sich religiöse Devotionalien, Kuriositäten, echte und nicht ganz so echte Antiquitäten

Schatzsuche im BASAR

Im uralten Labyrinth der Ladengassen ist heute alles zu haben: Handwerk trifft auf globalen Nippes, Romantik auf Ramsch. Doch der alte Zauber hat überlebt. Wer ihn spüren will, sollte sich treiben lassen bis in die innersten, verborgenen Winkel. Dorthin, wo der Basar zur Ruhe kommt

TEXT **LAURA SALM-REIFFERSCHEIDT** FOTOS **MARION BECKHÄUSER**

Basar und Moschee sind dicht benachbart. Dieser Eingang des Großen Basars liegt gegenüber der Nuruosmaniye-Moschee

Musterstücke: Bei Semerkand im Großen Basar gibt es Suzani-Stoffe aus Zentralasien, Baumwollstoffe mit leuchtend farbigen, oft floralen Stickereien

Wer einen Hauch des Glanzes und der Mystik vergangener Zeiten erleben will, muss sich erst gegen eine Armada von Souvenir-, Taschen- und Jeanshändlern behaupten. Muss die gleißend leuchtenden Auslagen der Läden ignorieren, in denen unzählige Armreifen, Ketten und Ringe verramscht werden. Muss vorbei an Geschäften mit Stapeln von Teppichen oder Messingkrügen, muss die Händler passieren, die in ihren Läden Halbedelsteine in blau, grün, lila an dünnen Fäden von den Wänden hängen lassen. Wer immer tiefer in das Innere des Großen Basars dringt, erreicht die verborgenen Winkel und gelangt zu den Menschen, die noch den Zauber ausstrahlen, den man sich von einem orientalischen Basar erhofft, fern vom touristischen Ramsch und zudringlicher Anmache. So findet man in manch einem Hinterhof, auf provisorischen Dachterrassen Händler, die in ihr Backgammon-Spiel vertieft sind oder bei einem Glas Tee zusammensitzen und plaudern. Zeigt man dann auch noch ehrliches Interesse an einem ihrer Stücke, wird einem all die Aufmerksamkeit und Gastfreundlichkeit des Orients zuteil.

Einer dieser Händler der alten Schule ist Murat Bilir. In seinem winzigen Laden im Eski Bedesten, der ersten Markthalle des Großen Basars, sitzt er hinter seinem Verkaufstisch und wartet geduldig auf Kundschaft. Um ihn

Schmuck aus Pakistan und Usbekistan: Fremde Handwerkskünste in der Terlikçiler Sokak

Das Gewirr der Gassen ist das pulsierende Herz der Stadt: Wirtschaftsfaktor, Arbeitsplatz, Kulturdenkmal, Touristenattraktion

herum stapeln sich kunstvoll verzierte Kupferteller, Samoware, Hamamschalen. »Ich verkaufe stumme Zeugen der Vergangenheit«, sagt der elegant gekleidete Mann über seine Stücke. Seit 47 Jahren arbeitet er schon im Basar. Es bedrückt den 62-Jährigen, dass im Eski Bedesten immer mehr Läden aufmachen, die billigen Schmuck und Nippes verkaufen. Ursprünglich wurden hier nur die feinsten Stoffe und wertvollsten Gegenstände wie Seide, Waffen und Edelsteine gehandelt.

Der Große Basar, Kapalı Çarşı (auch »Gedeckter Basar« genannt), ist in seinem Kern immer noch so, wie er vor mehr als einem halben Jahrtausend errichtet wurde: ein Labyrinth malerischer Ladengassen. Man hasst ihn oder liebt ihn, findet ihn hinreißend schön oder abstoßend hässlich. **»Kein Verliebter kann diesen Basar durchschreiten, ohne es wie ein Unglück zu empfinden, nicht Millionär zu sein«,** schrieb der Italiener Edmondo de Amicis im 19. Jahrhundert. Wie er haben viele Reisende dem Basar Istanbuls über die Jahrhunderte als dunkle, verborgene Stadt voller Wunder, Schätze und Erinnerungen gehuldigt.

Mehmet II. ließ den Eski Bedesten nach der Eroberung Konstantinopels nahe dem alten Palast errichten. Dank der eisernen Tore und dicken Mauern vertrauten sogar reisende Kaufleute hier den Händlern ihr Geld zur Aufbewahrung an: Damals und bis in unsere jüngste Vergangenheit war er nicht nur Handelszentrum, sondern ein komplexes Sozial- und Raumgefüge im Schatten der Moschee.

Bald darauf ordnete der Herrscher den Bau einer zweiten Markthalle an, nach und nach wuchsen um die beiden Gebäude herum Holzbuden und Läden. Über die Jahrhunderte wurde der Konsumtempel immer wieder von Feuern und Erdbeben beschädigt. Erst Ende des 19. Jahrhunderts erlangte der Große Basar seine heutige Architektur: Mit mehr als 3300 Geschäften, mehr als 60 Straßen, Lagerhäusern, einer Post, Banken, mit Moscheen, Brunnen und Restaurants ist der Komplex eine Stadt in der Stadt. Hier arbeiten mehr als 20000 Menschen, hier schlägt das Herz des türkischen Gold-

Das Spiel mit dem Preis: Die Handelsspanne liegt üblicherweise bei zehn Prozent. Doch weil alle Touristen glauben, feilschen zu müssen, erhöhen die Händler für sie freundlicherweise die Preise

MERIAN | MÄRKTE UND BASARE

Ägyptischer Basar/Mısır Çarşısı
Explosion von Farben und Aromen: Gewürze (hervorragend sind die Paprikagewürze und Tomatenpaste), Nüsse, Trockenobst, Süßigkeiten und Souvenirs. Im Hof befindet sich ein Haustier- und Blumenmarkt.
(C 5) Yeni Cami Meydanı Sokak, Eminönü, *Mo-Sa, 8-19 Uhr*

Großer Basar/Kapalı Çarşı
Einer der größten überdachten Basare der Welt. Vereinzelt kann man Handwerker in ihren Werkstätten beobachten. Das Angebot reicht von Teppichen und Stoffen über Antiquitäten, Gold und Schmuck bis hin zu Wasserpfeifen und Andenken. Achtung: Es werden hier auch gefälschte Warenmarken angeboten.
(C 6/7) Nuruosmaniye-Tor in der Nuruosmaniye Caddesi, Eminönü
Mo-Sa 8.30-19.30 Uhr

Markt der Buchantiquare/ Sahaflar Çarşısı
Türkische und internationale Literatur gebraucht und neu, Bildbände, Kalligraphien und religiöse Schriften.
(B 7) Eingang von der Çadırcılar Caddesi oder vom Beyazıt Meydan, Eminönü
Mo-Sa 8-19 Uhr

Werkzeugmarkt/Perşembe Pazarı
Paradies für Heimwerker: Von Nägeln und Schrauben über Verkehrsschilder bis hin zu großen Schleifmaschinen und Bojen.
(C 4) Zwischen Bankalar Caddesi, Perşembe Pazarı Caddesi und dem Ufer des Goldenen Horns, Beyoğlu
Mo-Sa ca. 8-19 Uhr

Fischmarkt/Balık Pazarı
Frischer Fisch und Gemüse.
(D 4) Westlich der Galata-Brücke am Ufer des Goldenen Horns, Beyoğlu
Mo-Sa 8-19 Uhr

▶ mehr auf Seite 126

Safran-, Rosentee- und Apfelpyramiden: Der Ägyptische Basar lockt mit köstlichen Düften

Der Basar ist einer der letzten Orte Istanbuls, an denen Arbeit und Muße, Essen und Beten, Geld und Freundschaft zusammengehen

marktes und der Devisenbörse, der »Börse mit Füßen«: Die heißt noch immer so, weil die rund 40 Devisenhändler auf offener Straße ausländische Währungen handeln, so wie sie es einst illegal und heimlich taten.

Durch die mehr als zwanzig Tore des alten Gemäuers strömen jeden Tag bis zu eine halbe Million Touristen und Einheimische. Der Basar wächst immer weiter. Ständig werden neue illegale Hütten und Verschläge auf den Dächern und in den Hinterhöfen dazugestückelt. Die Läden werden nach Lust und Laune umgebaut, die Wände ausgehöhlt, um noch ein paar Zentimeter zusätzliche Verkaufsfläche zu gewinnen. Auch die Istanbuler Stadtverwaltung hat ihren Teil dazu beigetragen, dass der Basar immer baufälliger geworden ist: In den 1980er Jahren ordneten die Behörden an, den Bleibelag auf den Dächern durch Ziegel zu ersetzen. Seitdem leckt es hier und da, Wasser rinnt an den Wänden herunter, die elektrischen Leitungen sind überfordert.

»Wenn ein Erdbeben kommt, bricht hier alles zusammen«, sagt der Textilhändler Aziz Özcan. Keiner scheint sich verantwortlich zu fühlen. Ein Teil der Geschäfte gehört der Stadt, ein weiterer dem Staat und diversen Stiftungen, andere sind in Privatbesitz. »Die Basaris sind wie eine Herde ohne Schäfer«, sagt Süleyman Ertaş von der Basarvereinigung und fügt hinzu: »Den Menschen fehlt der Mut, etwas zu unternehmen.« Er verkauft in sechster Generation Hamam-Textilien – und sein Geschäft kennt noch keine Krise.

Vielen anderen Basaris geht es nicht so gut. Die Mieten sind gestiegen, von vielen Waren gibt es mehr als genug, das Angebot übersteigt die Nachfrage, und zeitaufwendige Handarbeit rechnet sich im Basar nicht mehr. Der Kunststopfer Altan Örme sieht für sich keine rosige Zukunft. »Viel zu tun habe ich nicht mehr. Wer zahlt schon zehn Lira dafür, dass ich seine Hose flicke, wenn ein ganzer Anzug nicht viel mehr kostet«, klagt der 72-Jährige.

Mehdi Çardak hat seine Weberei im oberen Stockwerk des Büyük Valide Han nahe dem Großen Basar bereits schließen müssen. Mit einem traurigen

Kupferschmiede sind selten geworden: Nur noch wenige Stücke werden in den Werkstätten komplett von Hand gefertigt

Meerschaumpfeifen aus Anatolien: eine Spezialität der Istanbuler Basare

Lächeln steht er nun in einem feuchten, leeren Raum und erzählt die Geschichte des Bauwerks: Zu osmanischen Zeiten war es die größte Herberge für reisende Händler. Oben schliefen die Menschen, unten waren die Kamele und Pferde untergebracht.

Im Basarviertel sind die meisten Geschäftsgebäude, *han* genannt, in einem erbärmlichen Zustand – und dennoch lohnt es sich, sie zu erforschen. Mehdi Çardak klettert voraus auf das Dach. Der Blick über das Gewirr der Gassen, das Goldene Horn und den Bosporus ist atemberaubend. Zur Gebetszeit, wenn sich der Gesang der Muezzine aus den umliegenden Moscheen über den Dächern verliert, nimmt man Istanbul von hier oben aus mit allen Sinnen wahr, begreift das volle Ausmaß des geschäftigen Treibens im Viertel um den Großen Basar. Unten, in engen Gassen, herrscht heilloses Durcheinander. Die Träger, *hamallar*, schleichen – gebückt von schweren Lasten auf ihren Rücken – die steilen Straßen bergan. Um sie herum spielende Kinder, verschleierte Frauen, grölende Marktschreier. Autos versuchen sich im Gedränge einen Weg zu bahnen, es wird gehupt, geschrien, geschimpft.

Eigentlich plant die Stadtverwaltung das Viertel zu sanieren, will die vielen Fahrzeuge verbannen, die versteckten, oftmals illegal errichteten Werkstätten schließen. Bisher aber ist kaum eine der offiziellen Ankündigungen realisiert worden – und so ist das Basarviertel noch weitgehend unangetastet. Alte und neue Waren halten sich in der Händlervielfalt des Basars die Waage, doch jeden Tag gehen Wissen und Traditionen verloren. **Männer, die in unendlicher Geduld Kupferkessel ausschlagen oder Kerzenständer drechseln, werden zu Strandgut in den globalen Handelsströmen.**

»Den Kapalı Çarşı gibt es seit 550 Jahren. Aber wir schaffen es noch, ihn zu zerstören«, schimpft Süleyman Ertaş. Seine Hoffnung ist seine 26-jährige Tochter. »Frauen schaffen alles besser. Mit unseren alten Hirnen geht das nicht. Es muss eine neue Generation her.« Der 50-Jährige seufzt – und wendet sich dann wieder geduldig seiner Kundschaft zu. ■

Costa
Die Nr. 1 in Europa
Costa
Costa
Nordkap & Spitzbergen
27. Juni bis 11. Juli 2010 p. P. ab
1.999,–
zzgl. Serviceentgelt*
Entdecken. Erleben. Entspannen.
ber 60 Jahre Erfahrung und Kreuzfahrttradition machen ch bemerkbar. Für uns in 98 % Gästezufriedenheit, für e mit weltweit höchstem Niveau. Dafür wurden wir ereits vielfach ausgezeichnet: für den deutschsprachigen ervice an Bord und bei Landausflügen, für überdurch- chnittlich große Kabinen, für absolute Zuverlässigkeit und für unsere kulinarischen Highlights. Und natürlich für unsere ganz persönliche Liebe zum Meer. Denn Costa setzt sich seit jeher für den Schutz der Natur ein. Deshalb haben wir als erste internationale Kreuzfahrtgesellschaft den „Green Star" für die Einhaltung allerhöchster Umwelt- standards erhalten.
Schiffe – 100 Routen – 250 Reiseziele weltweit
eutschsprachiger Service – deutschsprachige Landausflüge
Buchung und Beratung in Ihrem Reisebüro.
www.costakreuzfahrten.de
* Zzgl. Serviceentgelt € 6,- p. Erw./Tag. Weitere Informationen im Costa Katalog 2010.

Ach wie verführerisch!

Die Geschmäcker sind verschieden. Deshalb gibt es das zuckersüße *lokum* in unzähligen Sorten – und tausend andere Süßigkeiten vom »Frauennabel« bis zum »Nachtigallennest«

Ein türkisches Sprichwort lautet »Süß lass uns essen, süß lass uns sprechen«. Schon Abdülhamid I. schien sich der Weisheit dieser Worte bewusst und nutzte das Süße, um die giftigen Zungen seiner Haremsdamen im Topkapı-Palast in Zaum zu halten. Der liebeshungrige 27. Sultan des Osmanischen Reichs beauftragte im späten 18. Jahrhundert die besten Zuckerbäcker des Landes, eine Süßigkeit herzustellen, die selbst die widerspenstigste Frau zähmen würde. Im Sultanspalast gab es sogar eine eigene Süßspeisen-Küche, die Şekerciler Helvahane.

Hacı Bekir, ein Zuckerbäcker aus Kastamonu, war es, der den Geschmack des Sultans und seiner Haremsdamen traf – mit himmlisch süßen, geleeartigen und puderzuckerbedeckten Würfeln. Es klingt wie ein Märchen aus Tausendundeiner Nacht. Und so sei der Wahrheitsgehalt dieser Überliefung auch dahingestellt.

Fest steht jedoch, dass Hacı Bekir im Jahr 1777 vom Schwarzen Meer nach Istanbul zog und einen kleinen Süßigkeitenladen in Bahçekapi am Goldenen Horn eröffnete. Das Geschäft nahe dem Ägyptischen Basar gibt es noch heute. Auf kleinen Silbertabletts in Glasvitrinen stapeln sich dort kunstvoll Dutzende Sorten der türkischen Leckerei – mit Rosengeschmack, Nüssen, Fruchtessenzen und *kaymak,* einem cremigen Frischeprodukt aus Kuhmilch. Je nach Mode entstehen bei Hacı Bekir immer wieder neue Geschmacksrichtungen wie Ingwer, Kaffee, Zitrone oder Minze. Auf dem Tresen stehen große Gläser mit bunten Bonbons.

Picasso soll nach dem Verzehr von *lokum* konzentrierter gemalt haben

An der Wand hängt eine Kopie eines Gemäldes des Italieners Amadeo Preziosi. Es zeigt Hacı Bekir mit weißem Bart und Turban beim Abwiegen von Süßigkeiten in seinem Laden. Heute leitet seine Ururenkelin Hande Celalyan zusammen mit ihrem Vater die Geschäfte. »Ich empfand es immer als meine Aufgabe, das Werk meiner Vorfahren zu bewahren und weiterzuentwickeln. Als moderne Frau in dieser Position sehe ich mich auch als Beispiel für die Türkei von heute, die islamische Kultur und orientalische Elemente mit zeitgenössischer Denkweise kombiniert«, sagt die 48-Jährige.

Lokum, wie die Türken ihre geliebte Süßigkeit nennen, war wohl schon im 14. Jahrhundert in Anatolien bekannt. Damals wurde Honig oder Traubensirup zum Süßen und Mehl zum Binden benutzt. Als im 19. Jahrhundert Rübenzucker in die Türkei kam, war Hacı Bekir der Erste, der Zucker und Maisstärke statt Honig und Mehl verwendete und so die Textur verfeinerte. Das Wort *lokum* ist eine Ableitung des arabischen *rahat-ul hulkum*, was soviel heißt wie »behaglich im Hals«. Hacı Bekirs *lokum* behagte dem Sultan so sehr, dass er den Erfinder der Kreation zum Chefzuckerbäcker am Hofe beförderte.

Dass die süßen Würfel weit über die Grenzen des Osmanischen Reiches hinaus bekannt wurden, ist einem unbekannten Reisenden zu verdanken, der im 19. Jahrhundert eine Schachtel *lokum* nach London brachte und es »Turkish Delight« nannte. Das Produkt wurde weltberühmt. Es soll Napoleons Lieblingsnascherei gewesen sein, auch

Winston Churchill hat seine Leibesfülle unter anderem dieser Leckerei zu verdanken. Und Pablo Picasso soll nach dem Genuss viel konzentrierter gemalt haben.

Selbstverständlich sind auch die Frauen im Westen schnell dieser süßesten aller Süßigkeiten verfallen. »Ein türkischer Journalist soll mehrmals versucht haben, ein Interview mit Rita Hayworth zu bekommen. Immer wieder lehnte sie ab. Erst als er ihr eine Schachtel *lokum* schickte, ließ sie sich zu einem Gespräch überreden«, erzählt Hande Celalyan.

Wahrscheinlich hätte sich die amerikanische Schauspielerin aber auch mit einer der unzähligen anderen türkischen Süßigkeiten und Mehlspeisen bezirzen lassen. Sie schmecken nicht nur köstlich, sondern tragen auch verführerische Namen wie etwa »Schöne Lippen« (*dilber dudaği*), »Nachtigallennester« (*bülbül yuvas*) oder »Frauennabel« (*kadın göbeği*).

Viele Süßspeisen haben eine rituelle Funktion oder werden nur zu bestimmten Festen und Feiertagen gegessen. So wird etwa *lokum* am Tag des Fastenbrechens, dem Şeker Bayram oder Zuckerfest, an Verwandte und Nachbarn verteilt. *Güllâç* ist ein kalorienreiches Dessert aus dünnen Reisblättern, die in mit süßem Rosenwasser aromatisierter Milch getränkt und danach mit Walnüssen und Granatapfelkernen garniert werden. Die süße Köstlichkeit wird traditionell nur während des Ramadans zubereitet. *Helva*, der »Türkische Honig«, ist eine Spezialität aus Sesam, Zucker und Honig. Ihn tischt man auf bei ernsten, feierlichen Anlässen wie Beerdigungen und Beschneidungen.

Andere Speisen sind alltäglich geworden, etwa *baklava*, das mit Zuckersirup übergossene Blätterteiggebäck mit kleingehackten Walnüssen oder Pistazien. Es ist so süß, dass es einem beim ersten Bissen den Mund zusammenzieht, man aber bereits nach dem zweiten Bissen süchtig nach mehr davon ist. Unter Istanbulern beliebt sind auch die Puddingshops, *muhallebici* genannt. Hier gibt es *muhallebi*, einfachen Pudding aus Reismehl, *firin sütlaç*, im Ofen gebräunten dicken Reispudding und *tavukgöğsü*, eine Milchspeise mit zerkochten Hühnerbrustfasern.

Fast überall findet man in der Nähe einen Laden, der die unglaublichsten Kalorienbomben verkauft. Torten, Kekse, Marzipan, getrocknete Früchte, Eiscreme oder Kompott – überdrüssig werden die Türken ihren Süßigkeiten nie. Selbst Hande Celalyan hat nach all den Jahren bei Hacı Bekir noch immer eine Schwäche für *lokum*. Und nicht von ungefähr haben die Istanbuler einen Bürgermeister gewählt, dessen Familie einen berühmten Puddingshop betreibt. ■

Laura Salm-Reifferscheidt

Die besten Adressen für süße Souvenirs

Hacı Bekir
Hacı Bekir soll einst das *lokum* erfunden haben, wie es die Istanbuler heute kennen und lieben. Geschmacksrichtungen von Rose über Ingwer bis zu Kaffee. Unbedingt die Pistazien-Variante testen! Auch Versand möglich.
(C/D 5/6) Hamidiye Cad. 83, Eminönü
Weitere Filialen:
(D/E 2) İstiklal Caddesi 83A, Beyoğlu
(D 11) Muvakkithane Caddesi 14-16 Üsküdar, www.hacibekir.com

Karaköy Güllüoğlu
Berühmt für alle möglichen Baklava-Sorten. Kenner und Liebhaber beschwören, dass hier auch das beste Diät-*baklava* für Diabetiker produziert wird. Achtung: Es gibt mehrere Läden mit dem Namen Güllüoğlu. Unbedingt zu Karaköy Güllüoğlu gehen!
(D/E 4) Mumhane Caddesi 171, Beyoğlu
www.gulluoglu.biz

Özsüt
In fast jedem Viertel von Istanbul gibt es eine Niederlassung: Die Spezialität des Süßwarenherstellers Özsüt ist *tavukgöğsü* – Pudding mit feinen Fäden von Hühnerfleisch.
(D 2) İstiklal Caddesi 102, Beyoğlu

Koska Helvacisi
Helva-Gebäck in etlichen Varianten, aber auch große Auswahl an anderen Süßigkeiten verkauft. Mehrere Filialen in Istanbul.
(D 2/3) İstiklal Caddesi 238, Beyoğlu
www.koskahelvacisi.com.tr

Weich, bunt, unwiderstehlich: *lokum* gibt es in allen Farben und Geschmacksrichtungen. Als »Turkish Delight« wurde es in Europa berühmt. Bei Hacı Bekir stapelt sich feinstes Zuckerwerk, der Geschäftsgründer war einst Chefzuckerbäcker des Sultans

Pamuk vor seinem Haus in Çukurcuma. Hier wird 2010 sein »Museum der Unschuld« eröffnet

Der türkische Nobelpreisträger

Orhan Pamuk

schreibt für MERIAN über etwas, das es in der Geschichte der Weltliteratur noch nicht gegeben hat: Mit seinem »Museum der Unschuld« lässt er die Grenzen zwischen Roman und Realität verschwimmen

»**Seit langer Zeit versuche ich, ein Museum in Istanbul zu eröffnen.** Zu diesem Anlass kaufte ich vor gut zehn Jahren ein heruntergekommenes Gebäude von 1897 im Istanbuler Stadtteil Çukurcuma, ganz in der Nähe meines Studios. Mit Hilfe befreundeter Architekten habe ich die Struktur dieses Hauses mit den Jahren in die eines Museums umgewandelt und sie den heutigen wie meinen eigenen Vorstellungen angepasst.

Während ich mich also schon mit dem Museum beschäftigte, schrieb ich gleichzeitig an meinem Roman. Und während ich an dem Roman schrieb, suchte ich wiederum nach jenen Dingen, die meine Romanfiguren benutzen würden, die – wie ich mir überlegt hatte – von 1975 bis 1984 in diesem Haus wohnen sollten. Ich suchte nach diesen Objekten in Secondhandläden und auf Flohmärkten, in Häusern von Bekannten, von denen ich wusste, dass sie Dinge gerne horteten.

VITA | ORHAN PAMUK

Der 2006 mit dem Nobelpreis für Literatur ausgezeichnete Autor wuchs in gutbürgerlichen Verhältnissen in Istanbul auf. Pamuk studierte Architektur, wechselte das Fach und machte seinen Abschluss in Publizistik. 1982 erschien sein erster Roman, seitdem wird er auch international mit Preisen überhäuft. Er verbrachte einige Jahre in New York und lebt heute in Istanbul. Weil er politisch Stellung bezieht, wird er von den Ultranationalisten bedroht. Sein jüngster Roman »Das Museum der Unschuld« (2008) handelt von der Liebe zwischen Kemal und der schönen Füsun. Ein Paar, das zwischen westlichen Wunschbildern und türkischen Traditionen hin- und hergerissen ist.

Langsam füllte sich mein Atelier mit alten Medizinflaschen, mit Kästchen voller Knöpfe, mit Lottoscheinen, Spielkarten, Kleidern und Küchenutensilien.

Um all diese Objekte in meinem Roman verwenden zu können, dachte ich mir Situationen aus – Momente und Szenen, die exakt zu ihnen passten. Viele hatte ich eher zufällig und kurz entschlossen gekauft, zum Beispiel eine Quittenreibe. Ich fand auch beispielsweise in einem Secondhandladen zuerst ein Kleid aus einem Stoff mit orangefarbenen Rosen und grünen Blättern und entschied erst nach dem Kauf, dass es gut zu meiner Romanheldin Füsun passen würde. Und während das Kleid so vor mir ausgebreitet lag, beschloss ich, die Einzelheiten einer Szene zu beschreiben, in der eben dieses Kleid von Füsun getragen werden sollte, während sie lernt, Auto zu fahren.

Es gab auch die umgekehrte Vorgehensweise: Während ich mir vorstellte, dass eine Schwarz-Weiß-Fotografie aus den dreißiger Jahren, die ich in einem Antiquariat in Istanbul aufgestöbert hatte, eine Fotografie aus den jungen Tagen einer meiner Hauptfiguren zu sein habe, dirigierte ich meine Geschichte mit Hilfe der Objekte in eben dieses Foto hinein. Manchmal beschrieb ich sogar das Foto selbst. Weil ich denn alle meine Helden erfinden, ihnen Eigenheiten und Charaktere mitgeben musste, wie in zahlreichen meiner anderen Romane auch, versah ich sie mit etlichen meiner eigenen Eigenschaften und denen meiner Mutter, meines Vaters, meiner Familienangehörigen. Und ich stellte mir viele Objekte, die ich liebte und an die ich mich gern erinnerte, auf den

Schreibtisch. Ich beschrieb sie in allen Details und machte sie zum Teil meiner Geschichte. Es war eine Vorgehensweise des Suchens, Findens, des Studierens und Beschreibens der Dinge. Manchmal auch in umgekehrter Weise – indem ich in Geschäften nach Objekten des Romans fragte. Oder ich ließ sie nach meinen genauen Vorgaben von Künstlern und Handwerkern anfertigen. 2008 schließlich war ich fertig mit dem Buch »Museum der Unschuld«. Zu diesem Zeitpunkt stapelten sich sowohl in meinem Studio wie auch zu Hause die Sammelstücke. Also entschloss ich mich, das Museum zu eröffnen – jenes, das ich in meinem Roman als »Museum der Unschuld« beschreibe.

Seit nunmehr drei Jahren arbeite ich an meinem Museum der Gefühle. Und kooperiere dabei mit türkischen wie internationalen Künstlern.« ■

Die Schuhe von Füsun, die zweiten Zähne von Kemals Vater... jedes der Objekte, die jetzt noch in Pamuks Studio stehen, kommt im Roman vor. Jedes wird als Ausstellungsstück im »Museum der Unschuld« eine Geschichte erzählen

LESEPROBE | KAPITEL 8: »SAMMLER«

Als ich Anfang 1992 für das Museum der Unschuld auf der Suche nach Filmplakaten, Aushängefotos und Kinokarten war, suchte ich in Istanbul Leute auf, die alles rund ums Kino sammelten, und wurde von ihnen schnell über jenes bedrückende Gefühl aufgeklärt, auf das ich auch andernorts noch häufig stoßen würde.

Ein Sammler namens Hıfzı, mit dem ich lange um den Preis für Standfotos der Filme »Liebesnot geht erst mit dem Tod vorbei« und »Zwischen zwei Feuern« feilschte, bedankte sich bei mir ausufernd für das Interesse an seiner Sammlung und nahm dann fast eine entschuldigende Haltung an. (…)

Als ich fragte, wo ich sonst noch die von mir gesuchten Aushängefotos finden könnte, sagte Hıfzı, es gebe da eine ganze Reihe von Sammlern, deren Wohnungen bis oben hin mit Fotos und Plakaten voll seien. Oft sei es so, dass die Leute vor lauter Fotos und Zeitschriftenpacken gar keinen Platz mehr für sich selbst hätten und schließlich von ihrer Familie verlassen würden (falls sie überhaupt je geheiratet hatten), woraufhin die betreffende Wohnung sich dann erst recht in eine Müllhalde verwandle. (…)

Dennoch konnte Hıfzı meinen Bitten nicht widerstehen, und es gelang ihm, mich in einige der zugemüllten Wohnungen hineinzubringen, die im Istanbul der neunziger Jahre als legendär galten. So einiges, was ich in meinem Museum ausstelle, stammt aus diesen Wohnungen: Aushängefotos, Istanbul-Ansichten, alte Postkarten, Kinokarten, Speisekarten von Restaurants (als wir damals dort gegessen hatten, war mir noch nicht in den Sinn gekommen, sie mitzunehmen), verrostete Konservendosen, alte Zeitungen, mit Werbung bedruckte Papiertüten, Medikamentenschachteln, Flaschen, Fotos von Schauspielern und anderen Prominenten und vor allem Fotos aus dem Alltagsleben, die von dem Istanbul, wie ich es mit Füsun erlebt hatte, besser zeugen konnte als alles andere. (…)

Die gleiche Betretenheit wie in jenem Haus empfand ich auch in einer Wohnung in Üsküdar, in der ein ehemaliger Gasableser mit seiner bettlägerigen Mutter und einem Gasöfchen lebte. Die anderen Zimmer der Wohnung waren eiskalt und so vollgestopft, dass sie überhaupt nicht mehr zu betreten waren; von ferne konnte ich ein paar alte Lampen, Vim-Dosen und Spielsachen aus meiner Kindheit ausmachen. Was mich dort so bedrückte, war weniger, dass die Mutter von ihrem Bett aus den Sohn in einem fort herunterputzte, sondern dass all diese Sachen, die voller Erinnerungen an Menschen steckten, die einmal in Istanbul durch die Straßen gelaufen und nun zum Großteil schon tot waren, nie in ein Museum gelangen, nie geordnet und eingerahmt oder in eine Vitrine gestellt würden.

Orhan Pamuk: »Das Museum der Unschuld«. Hanser-Verlag 2008, 24,90 Euro

Sammelsurium der Gefühle

Was Orhan Pamuk mit zwei deutschen Architekten baut, ist einzigartig: das Haus einer großen Liebesgeschichte

TEXT **NIKOLAUS NEUMANN**

Orhan Pamuk (Mitte) mit Museumsmodell und den Architekten Sunder-Plassmann. Deren Tochter Johanna (links) leitet das Künstlerteam

Im letzten, dem 83. Kapitel seines 2008 erschienenen Romans »Das Museum der Unschuld« spielt Orhan Pamuk ein verwirrendes Vexierspiel, in dem Wirklichkeit zur Illusion und Illusion zur Wirklichkeit wird. In diesem Kapitel erkennt der Held Kemal, dass das Museum – ein Memorabilien-Kabinett für seine verlorene Geliebte Füsun –, das er seit 30 Jahren in seinem Kopf baut, einen ausführlichen Katalog braucht. »Den Katalog meines Museums konnte ein Autor niederschreiben wie einen Roman. So kam ich dazu, Orhan Pamuk anzurufen, der schließlich dieses Buch in der Ich-Form verfasst hat.« Das geschieht in den siebziger Jahren, in denen Kemal seinem Autor Pamuk erstmals begegnet. Pamuk kauft sowohl im Roman wie auch in der Realität ein Haus im Viertel Çukurcuma für Kemals Liebesschrein, bittet 2001 den bekannten türkischen Architekten Ihsan Bilgin, den Rohbau und die Außensanierung zu übernehmen, beichtet – jetzt wieder im Roman – seinem Helden, dass er dabei sei, sich in ihn zu verwandeln, und beginnt tatsächlich mit dem Schreiben. Das dauerte bis ins Jahr 2008. Das Museum wird erst zwei Jahre später fertig sein, Wunder dauern eben länger. Es ist einfach, ein Museum für Geschichte, aber unendlich schwierig, eines für Gefühle zu bauen. Und das, obwohl Pamuk (und sein Held Kemal) auf unzähligen Reisen durch Museen, Antiquitätenshops und Flohmärkte all jene kleinen Erinnerungsstücke zusammengetragen haben, die sich auf irgendeine Weise der Romanheldin Füsun zuordnen lassen. So soll die fiktive Schönheit zur verführerischen Frau aus Fleisch und Blut verwandelt werden. Hier überschneiden sich jetzt wieder Fiktion und Realität: Im Museum werden nicht nur verführerische Symbole des Weiblichen wie Ohrclips, Damenschuhe, Abendhandtäschchen oder Parfüm-Flakons ausgestellt, Kemal hat Pamuk auch beauftragt, für die »Olivenkerne, die Füsun auf den Teller spuckte, und die 4213 Zigarettenkippen, deren Ende ihre Lippen berührt hatten«, musealen Raum zu schaffen. Außerdem soll das kleine Eckhaus in der Istanbuler Altstadt mit Atmosphäre aufgeladen werden – mit Tönen, Lichtern, Farben, Gerüchen –, so dass Museum und Kiez zu einem alltäglichen Teil des legendären Istanbuler Çukurcuma-Viertels verschmelzen, in dem Füsun einst zu Hause war.

83 Kapitel hat der Roman. 83 Inszenierungen sollen die Accessoires dieser außergewöhnlichen Obsession zu einer Art Gesamtkunstwerk vereinen. Kemal an seinen Autor: »Vergessen Sie nur ja nicht, dass die Logik hinter diesem Museum darin besteht, dass von jedem Punkt aus die gesamte Sammlung mit sämtlichen Vitrinen und allem zu überblicken sein muss.« Und Orhan Pamuk, der selbst einige Semester Architektur studiert hat, wird versuchen, auch solche Extremforderungen seines Helden Kemal in konkretes Bauen umzusetzen.

Die Architekten schwärmen von Pamuks kindlichem Gemüt und seiner absoluten Ernsthaftigkeit

Nicht einfach für die, die mit Pamuk zusammenarbeiten. Er hat schon mehrere Kuratoren verschlissen, sagt man, und auch die deutschen Architekten, die sich acht Jahre später auf das Wagnis der Innengestaltung eingelassen haben, wissen, dass Pamuk ein anspruchsvoller Bauherr ist. Doch die Herausforderung, ein Museum zu bauen, wie es kein zweites in der Welt gibt, hat die beiden bewogen, sich auf das Projekt einzulassen. Ein Projekt, »das nichts für Architekturverbildete« ist, sagt Gregor Sunder-Plassmann aus Kappeln an der Schlei nicht ohne stolzen Unterton. Er soll nun zusammen mit seiner Frau Brigitte Pamuks literarische Fiktion in architektonische Fakten verwandeln.

So erstaunlich der gesamte Komplex, so überraschend, dass nicht einer der internationalen Architektenstars den Zuschlag für den Bau bekam. Freilich nur auf den ersten Blick. Genauer betrachtet sind die beiden Schleswig-Holsteiner ein Glücksfall für den Museumsmaniac Pamuk. Es war ein Zufall, der sie zusammenführte: Pamuk begeisterte sich beim Besuch der Sammlung Berggruen in Berlin weniger an dem eindrucksvollen klassizistischen Stülerbau, in dem Berggruen seine Picassos untergebracht hat, sondern mehr an der Tatsache, dass der Sammler in seiner Sammlung auch wohnte. Ein Gedanke, den Kemal im Roman bereits zur Vorgabe seines Museums gemacht hatte: »Ich begriff nun, dass das wahre Haus eines echten Sammlers sein eigenes Museum sein musste.«

Stülers Zwillingsbau auf der anderen Straßenseite, ehemals Ägyptisches Museum, wurde zu der Zeit gerade von den Architekten aus Kappeln für die Sammlung Scharf-Gerstenberg saniert. Pamuk und die Architekten kamen ins Gespräch. Die Sunder-Plassmanns, beide hoch gelobte Experten für schwierige Museumsarchitekturen, für Um-, Ergänzungs- und Erweiterungsbauten, boten mit ihrer Sensibilität für historische Zusammenhänge, ihrem materialästhetischen Gespür, ihrem inszenatorischen Raumgefühl und ihrem dramaturgischen Umgang mit Licht beste Voraussetzungen für Orhan Pamuks hohe Erwartungen: ein Museum, in dem Literatur lebendig, das Leben Literatur sein soll. Und noch etwas machte die Sunder-Plassmanns Pamuk sympathisch. Sie sind – wenn auch als Architekten – wie er bekennende Sammler. Ein Beispiel dafür ist das Museum Kunst der Westküste, das die beiden in Alkersum auf der Insel Föhr errichteten. Eine gelungene Versammlung verschiedenster Häuser zu einem Museumskomplex.

Mit Pamuk arbeiten sie gern zusammen. Sie kennen nicht nur jedes Wort des Romans, sondern haben auch dessen Gedankenmäander längst verinnerlicht. Sie schwärmen von Pamuks »kindlichem Gemüt, gepaart mit hundertprozentiger Ernsthaftigkeit«, und lächeln inzwischen über seine Standardreaktion bei schwierigeren inhaltlichen Diskussionen: »Yes, I understand – but …« Etwa alle sechs Wochen reisen sie zu mehrtägigen Workshops nach Istanbul, dort ist der 14-Stunden-Arbeitstag der Normalfall. Mittlerweile bekommen sie auch Unterstützung von ihrer Tochter Johanna: Die 25-jährige Künstlerin pendelt zwischen ihrem Postgraduiertenstudium an der Kunsthochschule für Medien in Köln und dem Studio Orhan Pamuks, wo sie die Künstlertruppe leitet, die Pamuk vor allem bei der Installation der verschiedensten Sinneseindrücke zur Hand geht. Der Sound der Stadt, computergesteuerte Lichtbahnen, die vorübergleitende Autoscheinwerfer simulieren, dreißig verschiedene Klangspuren, die den Geräuschteppich des quirligen Çukurcuma-Viertels weben – all das soll in das Museum integriert werden.

»Wann werden Sie mit dem Buch fertig?«, fragt am Ende des Romans Kemal ungeduldig seinen Autor. Pamuk: »Wenn Sie mit dem Museum fertig sind.« Der Roman erschien 2008. Das Museum soll im Herbst 2010 eröffnet werden, immer noch rechtzeitig zum europäischen Kulturhauptstadt-Jahr. Fertig wird es wohl nie – jedenfalls nicht, solange Orhan Pamuk weitersammelt. ■

MERIAN | TIPP

Das Museum der Unschuld liegt an der Çukurcuma Caddesi, die südlich des Galatasaray-Gymnasiums verläuft. An der Kreuzung mit Dalg ç Sokak steht das schmale Wohnhaus von 1897, typisch für das Viertel. Im Herbst 2010 soll Eröffnung sein. Vergessen Sie nicht, Ihr Buch mitzubringen, im letzten Kapitel ist die Eintrittskarte abgedruckt!

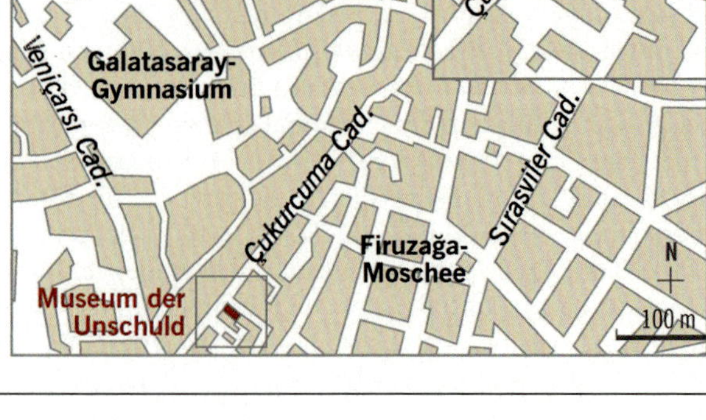

TURKISH AIRLINES
A STAR ALLIANCE MEMBER
thy.com

Geld spielt keine Rolle, als Sultan Abdülmecîd I. 1856 mitsamt Hof in den Dolmabahçe-Palast am Bosporus zieht. Das kostbare Kristallgeländer der Freitreppe zeugt von der ungezügelten Lust am Luxus

Paläste

aus Tausendundeiner Nacht

Ein halbes Jahrtausend residierten die Osmanen in Istanbul, die meiste Zeit im Topkapı-Palast. Für die letzten Jahrzehnte ihrer Herrschaft zogen sie in pompöse Villen am Bosporus um. Bilder von der Pracht und Herrlichkeit, die die Sultane in den Ruin trieben

FOTOS **WALTER SCHMITZ**

Keine Scheu vorm Stilmix: Sonnenkönig trifft Sultan

Links: Kristalllüster, Trompe-l'œil, Sèvres-Vasen in den Salons – Architektur und Einrichtung im Dolmabahçe-Palast sind eine Synthese aus osmanischen Elementen, Barock im Stil Ludwigs XIV., Rokoko und Neoklassizismus – man wollte sich damit bewusst nach Europa wenden.
Oben: Auch der 1871 fertig gestellte Çırağan-Palast war Herrscherresidenz, Sultan Abdülaziz lebte hier nur kurz bis zu seinem Tod 1876, der bis heute nicht geklärt ist. 1910 brannte der Palast vollständig aus, heute beherbergt er ein Luxus-Hotel

Alles muss funkeln. Extravaganz statt Eleganz

Oben: Verzierte Prunktore säumen die Wasserfront des Dolmabahçe-Palastes. Durch sie betrat der Sultan von seinem Boot aus den Palast.
Links: Vom dazugehörenden Wintergarten aus nahm der Sultan gern die Paraden seines Militärs ab. Die Einrichtung ist eine Orgie aus Kristall, Marmor und Eisenguss: Was die einen als unbekümmerte Synthese der verschiedenen Stile und Epochen loben, empfinden vor allem Kunsthistoriker als geschmacklos

Eingang in die »Verbotene Stadt«: Der geheimnisvolle Wohnbezirk des Harems wurde gebaut, lange bevor die Osmanen Prunk und Protz verfielen. Ein Labyrinth aus Gängen und Höfen, Treppen und Gärten, Kabinetten und Gemächern – häufig reich mit Arabesken dekoriert

Entführung ins Serail

Die Wahrheit über den Harem der Sultane im Topkapı-Palast

TEXT **KATJA MICHEL**

Ihr rötliches Haar fließt in Locken über die Schultern, bis hinab auf die entblößten, weißen Brüste. Ihr Blick ist abwesend. Neben der üppigen Schönen steht eine Wasserpfeife, vor ihr sitzt eine Sklavin in Pluderhosen, die auf einem hölzernen Saiteninstrument zupft. Kostbare Teppiche bedecken Böden und Wände. Die Haremsdame räkelt sich auf einem golddurchwirkten Kissen und lauscht der Musik, ihre Scham nur spärlich bedeckt von einem Laken. Sie scheint nur darauf zu warten, ihrem Herrn und Sultan zu Willen zu sein.

Der französische Künstler Jean Auguste Dominique Ingres malte um 1840 die »Odaliske mit Sklavin«, ohne jemals einen Harem betreten zu haben. »Haram« ist arabisch und heißt »verboten« – fremden Männern war es nicht gestattet, den innersten Bereich eines osmanischen Palastes zu betreten; im Topkapı-Serail hatten nur Herrscher und Eunuchen Zutritt. Letztere bewachten die Frauen und Konkubinen des Sultans, denen es verboten war, den Harem zu verlassen.

Wenige Themen haben die Phantasie westlicher Maler und Schriftsteller so sehr beflügelt wie die Welt des Harems. Von 1704 an erschien in Europa eine erste Übersetzung der Erzählungen von »1001 Nacht«, ihr Autor Antoine Galland hatte zwar allzu Anstößiges weggelassen, dennoch waren seine Geschichten Auslöser für eine Schule des Orientalismus, in der der Harem zum exotischen Freudenhaus geriet, seine Bewohnerinnen zu begehrlichen Nymphen. Wer aber waren diese Frauen? Woher kamen sie? Wie lebten sie?

Die Realität war prächtig, aber weniger phantastisch: Mächtig spannt sich die Kuppel über den Saal, in der Mitte ein pompöser Kronleuchter, die Decke ist reich dekoriert mit Ornamenten in Gold, Hellblau, Türkis. An den Wänden weißblaue Keramikfliesen, auf dem Boden Sitzkissen aus Brokat. Unter einem hölzernen Baldachin steht ein goldenes Sofa. Der Hünkâr Sofas , der Festsaal des Harems, ist Teil des Topkapı-Palastes, heute eines der bestbesuchten Museen Istanbuls. Jahrhundertelang hatten die osmanischen Sultane von hier aus ihr Reich regiert, mehr als 5000 Menschen lebten zeitweise im Palast. Über 300 Zimmer zählte allein der Harem – im 16. Jahrhundert hatte man unter Sultan Süleyman dem Prächtigen mit seinem Bau begonnen. Mehrere hundert Haremsdamen lebten dort, Ende des Jahrhunderts sollen es sogar 1200 gewesen sein.

Eine Stein gewordene Zeltstadt inmitten grüner Gärten: Blick über die Dachlandschaft des siebzig Hektar großen Topkapı-Palastes am Bosporus

Eine der wenigen Europäerinnen, die Zugang zum Harem bekam, war Anfang des 18. Jahrhunderts Lady Mary Wortley Montagu, Gattin des englischen Botschafters in Konstantinopel, die voller Abenteuerlust und Neugier eine ihr fremde Welt erforschte und darüber in zahlreichen Briefen berichtete. 1717 beschrieb die damals 27-Jährige ihre Erlebnisse in einem Brief an ihre Schwester: »Ihr Kopfputz war mit Nadeln aus Smaragden und Diamanten bedeckt. Sie trug große Diamantarmbänder und hatte fünf Ringe mit Solitären an den Fingern, die die größten sind, die ich je gesehen habe. Ich bin sicher, dass keine europäische Königin halb so viele Edelsteine besitzt. Die Sultana gab mir ein Mittagsmahl von fünfzig Schüsseln, nach ihrer Sitte wurde nur eine auf ein Mal aufgetragen, was außerordentlich langwierig war. Die Pracht der Tafel entsprach jener der Kleidung. Die Messer waren aus Gold und die Hefte mit Diamanten besetzt.«

Lady Mary verfasste diesen Brief nach ihrem Besuch bei Sultana Hafiten. »Ich versäumte diese Gelegenheit nicht, alles Mögliche aus dem Serail zu erfahren«, notierte sie weiter. Und räumte im Folgenden gleich mit einer Legende auf: Suche sich der Sultan eine neue Bettgenossin aus, dann werfe er ihr ein Taschentuch zu Füßen. Die Auserwählte habe nachts in des Herrschers Schlafgemach zu kommen, am Fußende in sein Bett zu steigen – und ihm nun ihre Liebeskünste zu beweisen. So kolportierten es damals

Der Harem war ein eigener Kosmos mit klaren Hierarchien. Die meisten Frauen hier bekamen den Sultan niemals im Leben zu Gesicht

Ende des 17. Jahrhunderts entstand der neue, reich verzierte Harem nahe den Sultansgemächern. Im Festsaal feierte der Herrscher mit seiner Familie

sensationslüsterne Zeitgenossen. Lady Mary wurde von der Sultana belehrt: Tatsächlich schicke der Herrscher des osmanischen Weltreiches seiner neuen Wunsch-Geliebten ganz offiziell den *kızlar ağası*, den Schwarzen Obereunuchen, sowie ein »königliches Geschenk«.

Der Harem des Topkapı-Palastes war ein eigener Kosmos mit strengen Regeln und klaren Hierarchien. Die Zimmer mit Aussicht gehörten den Prinzenmüttern. Hier, vom oberen Stockwerk, bietet sich ein wunderbarer Blick auf den blau glitzernden Bosporus und das Goldene Horn: je luxuriöser und größer die Zimmer, desto höher die Stellung ihrer Bewohnerin im Machtgefüge. Die wichtigste von allen, die mächtigste Frau im gesamten Osmanischen Reich, war die »Valide Sultan«, die Sultansmutter. Ihre prachtvollen Gemächer lagen direkt neben denen des Herrschers. Sie hatte ein eigenes Bad aus Marmor und einen mit den kostbarsten Stoffen und Möbeln ausgestatteten Salon.

Die Valide Sultan beriet ihren Sohn in Regierungsfragen, versuchte ihn vor Intrigen zu schützen und suchte aus der Schar der Haremsdamen auch seine Favoritinnen aus. Die Ehefrau, die dem Herrscher einen Sohn gebar, konnte sich Hoffnungen machen, eines Tages selbst zur Valide Sultan aufzusteigen. Entsprechend hart umkämpft war diese Position, und so manche Prinzenmutter half der hohen Kindersterblichkeit noch ein wenig nach, um den Weg für ihren eigenen Sohn frei zu machen. Die meisten Haremsdamen aber bekamen den Herrscher ihr Leben lang niemals zu Gesicht. So warteten sie, rauchten Opium, gingen untereinander Liebesbeziehungen ein. Und langweilten sich zu Tode.

Eunuchen bewachten die Haremsdamen, unterrichteten sie, vor allem in Sprache und Schrift – viele Konkubinen waren Georgierinnen und Russinnen und für ihre Schönheit bekannt. Manche hatte man als Mädchen entführt, verschleppt und in den Sultansharem gebracht.

So wie Roxelane, die bis heute bekannteste aller Haremsdamen: Die Tochter eines polnischen Priesters machte im Harem Süleymans des Prächtigen eine steile Karriere. Stieg im 16. Jahrhundert auf von der Sklavin zur Lieblingsgemahlin des Sultans, mit dem sie in monogamer Beziehung lebte – das hatte es im Osmanischen Reich noch nie gegeben. Die Untertanen beobachteten das Wirken der „Hexe“ mit Misstrauen, die Gemälde zeigen Roxelane als eine Frau mit scharf gebogener Nase. Intelligent und belesen soll sie gewesen sein. Sie informierte den Sultan während seiner Abwesenheit in Briefen über die Vorgänge in Konstantinopel und beriet ihn in politischen Fragen. Es hieß, Roxelane stecke hinter der Ermordung des Großwesirs Ibrahim Paşa und des ältesten Sultanssohnes Mustafa, den sie beseitigen ließ, um ihren eigenen Söhnen zur Macht zu verhelfen.

Die Geschichten über den Harem von Topkapı sind voll von solchen Berichten über Morde, Ränkespiele und Machtmissbrauch; der Harem, im Zentrum der Macht des riesigen Reiches, glich einer Schlangengrube. Roxelane steht für das, was Historiker als »Herrschaft der Frauen« bezeichnen und oftmals mit dem beginnenden Niedergang des Osmanischen Reiches in Verbindung gebracht haben: den Einfluss der Sultansgattinnen und -mütter auf die Politik. Intrigant und schädlich sollen sie gewesen sein.

Als am Bosporus dann der »kranke Mann« dahinsiechte – seitdem das Synonym für den Verfall des Osmanischen Reiches –, stürmten die Jungtürken 1909 den Harem, erhängten den Obereunuchen an der Galata-Brücke und entließen die Haremsdamen in eine ungewisse Freiheit. Viele kehrten zu ihren Familien zurück, einige schafften es bis in die oberste Schicht der Gesellschaft. Und andere tingelten durchs Land und ließen sich auf Ausstellungen als etwas begaffen, was das einfache Volk noch nie zu sehen bekommen hatte: als Haremsdame. ■

GERMAN PREMIERE ON
THE 13TH OF MARCH IN BERLIN
Mustafa
Erdoğan
AN ANATOLIAN LEGEND
TROY
A DANCE SHOW FROM IT'S NATIVE LAND
TOUR DATES 2010
March 13 Berlin O_2 World ✦ March 20 Frankfurt Festhalle ✦ March 26/27 Stuttgart Porsche Arena
April 07-11 Munich Zenith Kulturhalle ✦ May 12 Nuremberg Arena Nürnberger Versicherung
May 15-20 Hamburg CCH ✦ May 22/23 Braunschweig Stadthalle ✦ May 27 Mannheim SAP Arena
Garanti
Turkey
vodafone
GLORIA
HOTELS & RESORTS
ALEM FM 89.2
biletix
DYH
DOĞAN YAYIN HOLDING
MAC
ENCO

1890 Den Weg über die dritte Galata-Brücke, eine Holz-Eisen-Konstruktion, konnte sich nicht jeder leisten. Weiß gekleidete Brückenwächter kassierten Mautgebühr. Proteste waren an der Tagesordnung

Laufsteg zwischen den Welten

Sie führt über das Goldene Horn, verbindet Kulturen, prägt Gesicht und Geschichte der Stadt: Die Galata-Brücke ist seit über 160 Jahren Istanbuls Lebensnerv

TEXT **JÜRGEN GOTTSCHLICH**

2009 Die heutige, fünfte Galata-Brücke aus massivem Beton wurde 1992 als deutsch-türkisches Projekt fertig gestellt. Anders als ihr Vorgängerbau gilt sie vielen Istanbulern als ästhetischer Schandfleck

Jeder Besucher Istanbuls betritt sie, jeder läuft über sie hinweg, verweilt dann auf ihrer Mitte. Die Galata-Brücke über das Goldene Horn ist ein Lebensnerv der Metropole. Alle kommen hierher, nicht nur, weil auf beiden Seiten etliche Fähren anlegen und man von hier aus fast jeden anderen Ort der Stadt leicht erreichen kann. Es ist auch ein Gefühl, das die Menschen an diesen Ort bringt: als halte diese Brücke die Stadt zusammen, als sei sie die Verbindung zwischen ihren unterschiedlichen Sphären.

Von hier unten, von der Brücke aus, wird sichtbar, was die Stadt seit der Antike als Siedlungsort so besonders macht: auf der einen Seite das Goldene Horn, der beste natürliche Hafen am Mittelmeer. Und auf der anderen Seite der Bosporus, jener Wasserweg, über den schon die alten Griechen die Schätze Asiens schifften. Jeder, der in diese Stadt kommt, lässt sich auf der Galata-Brücke fotografieren – als Beweis, in Istanbul gewesen zu sein.

Dabei ist die Brücke heute alles andere als eine Schönheit. Ein gesichtsloser Schandfleck, 484 Meter lang und 42 Meter breit, eine blassblaue, doppelstöckige, angeblich erdbebensichere Stahlkonstruktion auf Betonpfeilern. Ihre Mitte kann aufgeklappt werden, um – meist nachts – größeren Schiffen die Durchfahrt zu ermöglichen. Nüchtern betrachtet ist die Galata-Brücke nicht mehr als eine breite, sechsspurige Straße, auf der Fußgänger wegen der Straßenbahnschienen nicht einmal die Seite wechseln können. Und doch versammeln sich auf ihr jeden Tag tausende Menschen. Straßenhändler und Passanten, die zur Arbeit hetzen oder nach Hause gehen. Spaziergänger, die den Ausblick genießen: auf der einen Seite hinüber zur Altstadt auf die großen Moscheen und den ehemaligen Palast. In der anderen Richtung ragt der Galata-Turm von 1348 aus dem Häusermeer am Hang, das sich über den Taksim-Platz bis hinauf zu den Wolkenkratzern von Levent erstreckt. Am auffälligsten sind die vielen Angler: Dicht an dicht stehen sie am Geländer, blicken in die trüben Fluten, platzieren gekonnt ihre langen Leinen zwischen die vielen Fähren: Angeln gehört zur Lieblingsbeschäftigung der Istanbuler Männer, sie tun es überall und zu jeder Zeit, scheren sich nicht um das ölige Wasser. Flaneure schauen neugierig in die Eimer der Fischer, zweifeln, ob die Makrelen, Sardinen, Meerbarben wirklich zum Verzehr geeignet sind.

Auf der unteren Etage reihen sich Cafés und Fischrestaurants aneinander, die allerdings kaum ein Einheimischer besucht. Wenn sich hier, direkt über dem Wasser, am frühen Abend die untergehende Sonne im Wasser spiegelt, versteht man, warum es »Goldenes Horn« heißt. In dieser Stunde erinnert die Galata-Brücke am ehesten an ihre heiß geliebte Vorgängerin, auf der die Cafés und Kneipen noch keine Touristenfallen, sondern Treffpunkte für die Kreativen, die Dichter und die Streitbaren der Stadt waren. Denn was dieses Bauwerk so besonders macht, ist nicht nur seine Lage, sondern auch die kulturelle Brückenfunktion: Die Galata-Brücke ist ein Ort, an dem sich Orient und Okzident begegnen.

Schon zu byzantinischen Zeiten war das Goldene Horn die Wasserscheide zwischen dem orthodoxen griechischen Konstantinopel und den Siedlungen der italienischen Lateiner, Genueser und Venezianer auf dem gegenüberliegenden Hügel. Der Eroberer Sultan Mehmet II. ließ während der Belagerung Konstantinopels eine Pontonbrücke aus 80 Schiffen über das Horn legen. Sein Sohn Beyazıt II. erwog zu Beginn des 16. Jahrhunderts den Bau einer ersten feststehenden Brücke.

Als die beiden italienischen Genies Leonardo da Vinci und Michelangelo von den Plänen des Sultans hörten, reichten sie Skizzen ein. Beyazıt favorisierte Michelangelos Vorschlag und lud ihn ein. Doch der Papst, heißt es, habe ihm verboten, den Andersgläubigen zu Diensten zu stehen. Leonardo da Vincis Entwurf hingegen, der bis heute berühmteste für eine Brücke über das Goldene Horn, erwies sich damals wohl als nicht umsetzbar. Da Vinci war seiner Zeit zu weit voraus: Seine Brücke wäre mit einer Spannweite von 234 Metern und einer Höhe von 40 Metern die größte der Welt gewesen. Knapp 500 Jahre später wurde da Vincis Galata-Brücke dann doch noch gebaut, aber kein Sultan, sondern die norwegische Königin Sonja weihte sie ein. 2001 wurde eine verkleinerte Version im norwegischen Ås, einem Ort knapp 100 Kilometer südlich von Oslo, als Fußgängerbrücke aus Fichtenholz realisiert.

In Istanbul blieb es bis 1845 den Ruderern in ihren *kayıks* überlassen, die Menschen vom Zentrum der Stadt zur anderen Seite zu den immer zahlreicher werdenden Europäern überzusetzen. Erst als die Sultane sich am Bosporus ein europäisches Schloss bauen ließen, kam die erste Brücke. Die Mutter Abdülmecits I. gab eine Holzkonstruktion über das Goldene Horn in Auftrag: Sie war eine Sensation und wurde feierlich eingeweiht. Drei Tage lang durfte sich ganz Istanbul darauf vergnügen, danach wurde eine Maut erhoben. Bis 1930 musste jeder zahlen, der die Brücke betreten wollte: eines der größten Ärgernisse des Istanbuler Alltags. Weiß gekleidete Brückenwächter sorgten mitunter so rabiat für die Entrichtung des Brückengeldes, dass es immer wieder zu wütenden Protesten der Bürger und Geschäftsleute kam, die die Brücke passieren wollten. Ein pfiffiger Schneider bot sogar reißfeste Kleidung für die Brückenquerung an, damit die Wächter nicht den Kittel zerfetzen konnten.

Nachdem der Holzbau schon 1863 erneuert worden war und überdies immer die Gefahr bestand, dass er in Brand geriet – die Brücke war die erste Nichtraucherzone der Stadt –, wurde 1875 der erste, auf Pontons ruhende Eisenbau eingeweiht, gebaut von einer britischen Firma. Die Brücke jedoch, die sich bis heute im kollektiven Ge-

MERIAN | BAUKUNST

Die »Mona Lisa der Brücken«

1502 entwarf Leonardo da Vinci für Sultan Beyazıt II. die erste Galata-Brücke. Ihr Design ist von schwungvoller Eleganz, Kenner nennen sie heute die »Mona Lisa der Brücken«. Sie wurde nicht gebaut, vermutlich war sie damals technisch nicht machbar. 1996 wurde nach den Konstruktionszeichnungen in Norwegen die da-Vinci-Brücke als hölzerne Fußgänger- und Fahrradbrücke realisiert (Fotos). Auch Istanbul plant eine Brücke gleichen Typs zwischen Eyüp und Sütlüce am Goldenen Horn. Ob und wann sie realisiert wird, ist ungewiss. Unter **www.leonardobridgeproject.org** haben Liebhaber von da Vincis Modell ein weltweites Projekt ins Leben gerufen, um den Bau dieser Brücken in möglichst vielen Ländern zu initiieren.

dächtnis der Stadt festgesetzt hat, entstand erst 1912 als gemeinsames Projekt der deutschen Firma MAN und eines türkischen Partnerunternehmens. Die filigrane, wie heute bereits zwei Etagen umfassende Stahlbrücke war bis 1992 in Betrieb. Viele Istanbuler verbinden mit ihr persönliche Erinnerungen: an schöne Kneipenabende, an den Seehund »Yaşar«, der in einem Käfig am Ende der Brücke seine Kunststücke machte, oder an den legendären »Langen Ömer«, den über zwei Meter großen Losverkäufer.

Die Galata-Brücke war aber auch Schauplatz von Mord und Totschlag. Als 1895 unter Sultan Abdülhamit II. die armenische Bevölkerung gegen ihre Unterdrückung protestierte, stürmten die *hamals*, die berühmten Lastenträger von Cağaloğlu, über die Brücke, erschlugen Hunderte von Armeniern und fielen über ihre Geschäfte in Galata her. In den sechziger Jahren des vergangenen Jahrhunderts waren es die Studenten, für die die Brücke zur entscheidenden Verbindung zwischen der Istanbuler Universität in Beyazıt und der Technischen Hochschule in der Nähe des Taksim-Platzes wurde. Um gemeinsame Kundgebungen zu verhindern, öffnete die Polizei die Brückendurchfahrt – aber Hunderte von Studenten sprangen ins kalte Wasser des Goldenen Horns.

Die Galata-Brücke ist ein Stück Istanbul, sie prägt Gesicht und Geschichte. Die größten Schriftsteller des Landes haben sie gewürdigt, angefangen von Yaşar Kemal bis zur Deutsch-Türkin Emine Sevgi Özdamar. Und noch heute gilt, was Peyami Safa 1931 – in dem Roman »Zwischen Ost und West« schrieb: »Wer die Brücke überquert, setzt seinen Fuß von einer Zivilisation in die andere.« ■

.eonardo da Vincis visionärer Entwurf

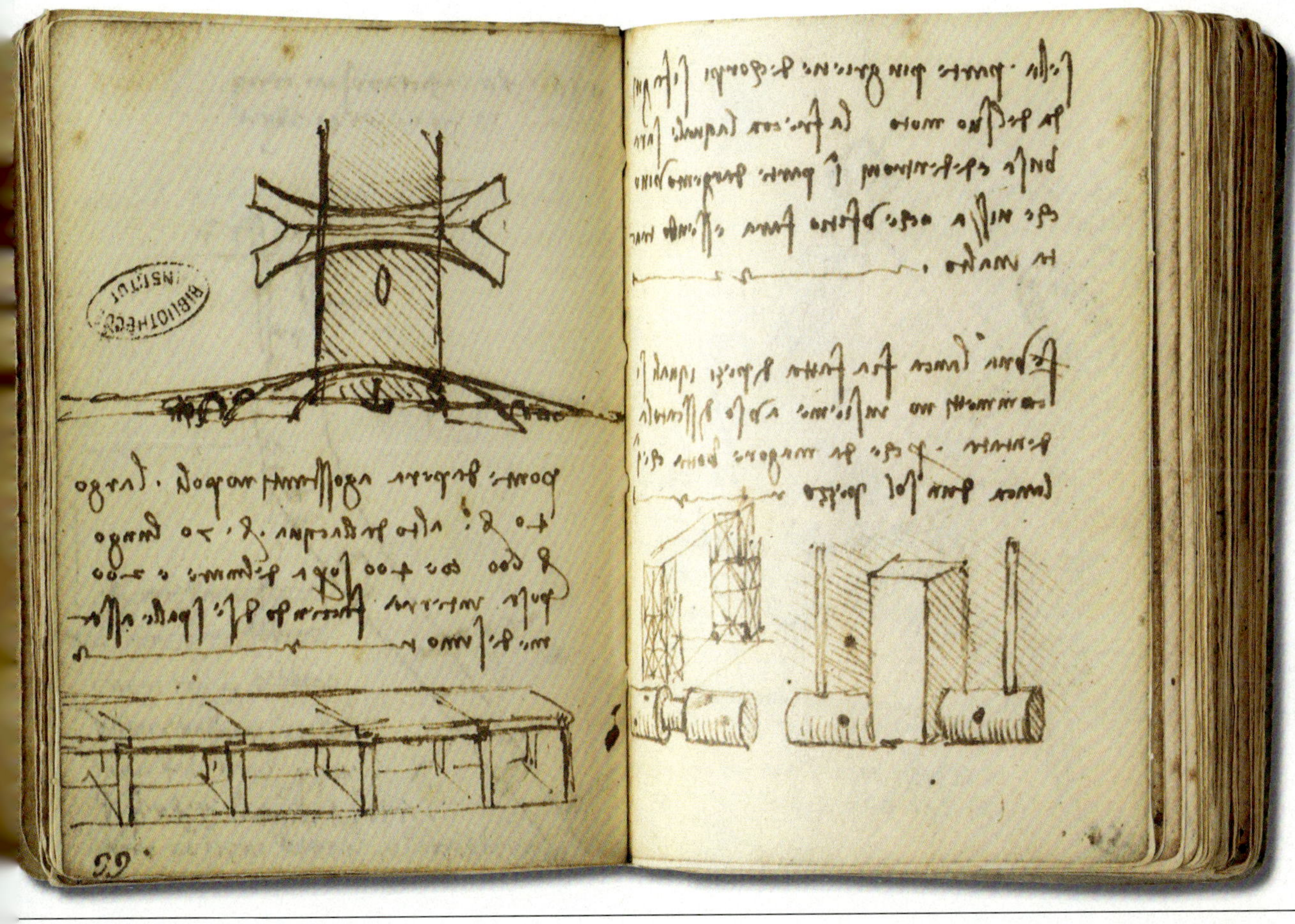

Die meisten innerstädtischen Holzhäuser, *konak* genannt, stehen im Viertel Arnavutköy. Die Bauten aus dem 19. Jahrhundert kombinieren europäische und orientalische Elemente. Das Haus rechts ist ein gutes Beispiel für osmanischen Jugendstil

Wohnen wie die Osmanen

Schön, kostbar und heruntergekommen: Istanbuls letzte Holzhäuser sind das fragile Erbe einer großen Vergangenheit

TEXT **KAI STRITTMATTER** FOTOS **MARION BECKHÄUSER**

Farbeffekte: Auch die heute verwitterten Fassaden waren früher in kräftigen Tönen gestrichen. Die eher schlichten Bauten in Arnavutköy entsprachen dem Status ihrer ersten Bewohner – hier lebten albanische Einwanderer

Es ist noch nicht lange her, da war Istanbul eine hölzerne Stadt

Es gibt Istanbuler, die wohnen noch in einem Holzhaus. Die alte Nurhan und ihr Bruder zum Beispiel. Ein Haus so windschief, als habe ein Karikaturist es da hingesetzt und nicht einmal das krumme Ofenrohr vergessen, das aus dem Giebel ragt. Der Vater hat das Haus einst gekauft für vier Lira, kurz darauf wurden die beiden hier geboren, das ist nun auch schon wieder ein Dreivierteljahrhundert her. »Wir lieben unsere *mahalle*, unser Viertel. Die Nachbarn haben unsere Schlüssel und wir die ihren«, sagt Nurhan. »Unser Holzhaus hätten wir schon längst abgerissen, aber die Stadt verbietet das. Jedes Jahr muss man renovieren, was das kostet! Aber eigentlich lebt es sich in Holz auch am angenehmsten. Im Winter zieht es zwar manchmal eisig, aber mittlerweile haben wir sogar Erdgas. Und erdbebensicher ist es! Sollte das große Beben wirklich kommen, dann zieht es uns vielleicht die Nägel raus – zwanzig Zentimeter lange Vierkantnägel! Die gehen dann aber gleich wieder rein. Wenn ich's Ihnen sage!«

Es ist noch gar nicht so lange her, da war Istanbul eine hölzerne Stadt. Bis weit ins 20. Jahrhundert hinein. Der Aufstieg des Betons war gleichzeitig der Niedergang der *mahalle*, des Kiezes der Alteingesessenen. Der moderne Istanbuler wohnte nun im *apartman*. Bei zufälligen Begegnungen auf der Straße kam es dann schnell zur Frage »Im wievielten Stock?« Die stolze Antwort hieß dann: »Im dritten.« So hoch! Wer im Apartment wohnte, ließ seine Kinder nicht mehr mit den Mahallekindern spielen, hatte Angst vor Schmutz, Schimpfwörtern und schlechten Sitten. »Mahallekind!« wurde für die Zöglinge der neuen Mittelklasse zum Schimpfwort, die anderen konterten: »Apartmankind!«, Weichei! Wie immer entwickelte die Moderne ihren eigenen Sog und schluckte nach und nach die eben noch Skeptischen – so lange, bis die Mahallefamilien, die es sich leisten konnten, ebenfalls in Apartments einzogen. Und die schönen, alten Holzhäuser?

Unter Denkmalschutz: Die Sommervilla, *yalı* genannt, des Sadullah Paşa aus dem 18. Jh. ist eines der besterhaltenen Holzhäuser Istanbuls

Die waren plötzlich die Hütten der Armen oder Brennholz in den Händen von Spekulanten und Parkplatzmafia. Die Istanbuler leben seit Menschengedenken im Schatten immer wiederkehrender Katastrophen, zwei von ihnen haben die Stadt geformt. Die einen, die Erdbeben, sorgten dafür, dass die Istanbuler ihre Stadt aus Holz bauten, einem billigen und flexiblen Material, das zudem in heißen Sommern klimatisch von Vorteil war. Die anderen, die verheerenden Feuer, sorgten dafür, dass sie ihre Stadt alle paar Jahre von Neuem aufbauen mussten. Auch deshalb sind kaum ältere Holzhäuser erhalten. Die wenigen aber, die noch heute stehen, sind Zeugen des Wandels der osmanischen Architektur.

Das wohl älteste und bekannteste dieser Häuser ist die Amcazade-Villa am Bosporus aus dem späten 17. Jahrhundert – auch wenn heute nur noch die Empfangshalle steht. Und doch gibt

Im Sommer zogen sich der Hofstaat und die Reichen in ihre Yalı am Wasser zurück

das Haus preis, wie nach der Eroberung Istanbuls durch Sultan Mehmet II. anatolische Bauprinzipien in die Stadt getragen wurden – vor allem die scharfe Trennung der Lebensbereiche von Mann und Frau. Oder die Sadullah-Paşa-Villa – auch sie ein *yalı*, eine jener prachtvollen Ufervillen am Bosporus, in die sich der Hofstaat und die Reichen im Sommer zurückzogen, nicht ohne den Umzug dorthin in ihren prächtigen *kayık*-Booten angemessen zu zelebrieren. Der Architekt Martin Bachmann hat im Auftrag des Deutschen Archäologischen Instituts (DAI) die Holzhausarchitektur in Istanbul erforscht. Das Haus des Sadullah Paşa aus dem späten 18. Jahrhundert nennt er ein »Kronjuwel osmanischer Bauweise«. Man darf dort noch die Eleganz einer Architektur bewundern, die auf ein Leben ohne Möbel ausgerichtet ist – Teppiche und Kissen genügten. Deshalb ist auch die Fensterbrüstung viel niedriger, als wir es heute gewohnt sind: Alles richtet sich hier nach der Perspektive von Menschen, die auf dem Boden sitzen. Typisch sind auch die ornamentalen Grundrisse, bei denen die einzelnen Räume um einen offenen Salon herum angeordnet waren.

Der Salon im ersten Obergeschoss war immer der Repräsentationsraum. Von hier blickt man auf den Bosporus

Wieder ein halbes Jahrhundert später begannen die Osmanen, sich ihre Ideen und ihre Möbel aus dem Westen zu holen. Die Folge: Die einst eher gedrungenen und erdigen Häuser begannen, sich in die Höhe zu recken. Die Menschen hatten nun Stühle und Sessel erklettert, also lagen auch die Fensterbänke nun höher. Aber noch immer waren die Häuser in Holz gekleidet, noch immer waren sie so farbenprächtig wie »übergroße Papageienkäfige«, wie es ein früher Reisender schilderte. Man lasse sich da nicht täuschen von den Fassaden, die heute oft dunkel und verwittert dastehen.

Schon damals gab es Holzhäuser, die sich das Aussehen steinerner Bauten gaben, als ob sie sich ihres Materials schämten – ein erstes Anzeichen dafür, dass ihnen kein langes Leben mehr beschieden sein sollte. Der Untergang kam schnell. 1923 wurde die Republik gegründet, Istanbul verlor seinen Status als Hauptstadt, der gesamte Hofstaat seine Existenzgrundlage und viele der prächtigen Stadthäuser und Ufervillen aus Holz ihre Herren, die ihnen bis dahin alle drei bis vier Jahre einen neuen Anstrich und die Reparatur ihrer Dächer spendiert hatten. Den einfachen Bauten in der Altstadt ging es nicht besser, ein großes Feuer vernichtete 1918 fast jedes dritte Holzhaus.

Neue Gebäude wurden mehr und mehr aus Stein errichtet. Das war modern und feuersicher. Dazu kam die Umwälzung der Bevölkerung: Mit den Griechen wurde in den nächsten Jahrzehnten eine ganze Volksgruppe in die Flucht getrieben. Damit aber ging auch das Handwerk verloren – ein großer Teil des Holzbaus wurde traditionell von griechischen und armenischen Handwerkern geleistet. In die leer stehenden Häuser schließlich zogen vor allem seit den 1960er Jahren arme Neuankömmlinge aus Anatolien. Und

Großbürgerliche Attitüde des späten 19. Jahrhunderts: Die Einrichtung der Hekimbaşı-Villa in Anadolu Hisarı mit Teppichen, Biedermeiermöbeln aus Mahagoni und schweren Samtvorhängen zeigt den Einfluss des westlichen Stils

dass sich nun mancherorts fünf Dutzend Leute in ein Haus pferchten, in dem ursprünglich zwei Familien gelebt hatten, machte die Liebe zu den alten Bauten nicht größer. Die Häuser verfielen. »Es kam zu einem dramatischen Prozess des Verschwindens der Holzhäuser«, sagt Martin Bachmann. »Und zwar vor unseren Augen, in den 1950er und 1960er Jahren.«

Osmanischer Stil ist wieder chic: Das Holzhaus erlebt ein Comeback – wenn auch als Mogelpackung. Hinter der Fassade stehen oft Mauern aus Beton

Bachmann hat im Auftrag des DAI die Holzhäuser jahrelang studiert, er hat ihnen eine Ausstellung und einen großartigen Katalog (»Istanbuls Holzhäuser – Beispiele seiner historischen Wohnarchitektur«) gewidmet. Man merkt ihm an, dass ihn ihr Verschwinden schmerzt: die Pläne des Bürgermeisters etwa, Teile der Altstadt abreißen und »im osmanischen Stil« wieder aufbauen zu lassen oder das Gerücht, die neuen Pächter der Amcazade-Villa – ein Bauunternehmen – hätten genau das gleiche vor: »Eine Horrorvorstellung«, sagt Bachmann. »Aber Istanbul durchlebt im Moment eine Phase vergleichbar mit unseren fünfziger und sechziger Jahren: Da haben wir in Deutschland mehr alte Bausubstanz verloren als im Krieg.«

Mittlerweile erlebt das Holzhaus aber ein Comeback, meistens allerdings als Mogelpackung. »Die Entfremdung ist heutzutage so weit fortgeschritten, dass viele, die in einem ›restaurierten‹ Haus aus Stahlbeton mit Holzverkleidung wohnen, glauben, sich in einem historischen Gebäude zu befinden«, sagt die Architekturhistorikerin Zeynep Kuban. Wer genug Geld hat, renoviert eine der echten hölzernen Villen. »Es ist ein wunderschönes Gefühl, in Holz zu leben«, sagt Serdar Gülgün, ein Kunsthistoriker und Inneneinrichter, der sich in mühevoller Arbeit den alten Jagdpavillon eines osmanischen Paschas nahe dem asiatischen Ufer hergerichtet hat: »Du schläfst gut, du atmest gut. Es ist ein ökologisches Haus. Und außerdem ist es heute eine gute Investition.« Osmanisches Design ist wieder chic. Serdar Gülgün hat einigen der neuen Reichen alte Villen am Wasser mit Antiquitäten eingerichtet. »Von den *yalı* gibt es nur mehr kläglich wenige mit Originalsubstanz. Ein knappes Dutzend vielleicht«, sagt Martin Bachmann.

Anderswo verfallen die Holzhäuser, etwa in Çukurcuma, nur zwei Straßen entfernt vom windschiefen Heim der alten Nurhan. Zwischen zwei Wohnblocks rottet eines vor sich hin, halb eingestürzt schon, das Dach gefährlich eingedrückt. Auf dem Balkon nebenan raucht eine greise Frau eine Zigarette. »Angst? Was kann ich schon tun?«, sagt die Nachbarin. »Die Stadt sagt, das Ding sei denkmalgeschützt. Anrühren dürfen wir's nicht. Also warten wir einfach, bis es einstürzt. Dann ist das erledigt.« Sie zieht an ihrer Zigarette, blickt skeptisch auf die morsche Hütte: »Es stürzt bloß nicht ein.« ■

MERIAN | VILLA TARABYA

Neue Künstlerklause

Eine der großartigsten verbliebenen Ufervillen am Bosporus gehört den Deutschen: die historische Sommerresidenz des deutschen Botschafters im Vorort Tarabya. Das 18 ha große Grundstück, auf dem die Villa 1885-87 errichtet wurde, war ein Geschenk des Sultans Abdülhamid II. an das Deutsche Reich. Der Soldatenfriedhof auf der schattigen Anhöhe des Anwesens zeugt noch heute von der einstigen Waffenbrüderschaft der beiden Völker. Nach Voranmeldung erhält jeder Besucher hier Einlass, darf den malerischen Hügel hinter der Residenz hinaufsteigen, bis er zu dem von Baumkronen überschatteten Platz gelangt, der die letzte Ruhestätte gefallener Deutscher ist. Von Herbst 2010 an wird der deutsche Staat ausgewählte Künstler hierherschicken, versehen mit einem Stipendium für ein halbes Jahr, »auf dass sie sich reiben an Istanbul, an der Türkei« – wenn auch relativ weit vom vitalen Zentrum entfernt. Schon haben einige den Ort »Villa Tarabya« getauft – analog zur Villa Massimo, dem deutschen Künstlerhaus in Rom. Einer der Initiatoren, der CDU-Bundestagsabgeordnete Steffen Kampeter, sieht es so: »Wir schlagen den Bogen von Westrom zu Ostrom.«

Die historische Sommerresidenz

(D 10) Tarabya
Yeniköy Caddesi No. 88 No. 36-B
Besichtigung des Ehrenfriedhofs nach tel. Anmeldung: Tel. 0212 3346100

TURKISH AIRLINES
A STAR ALLIANCE MEMBER
thy.com
Istanbul
2010
KULTUR
HAUPTSTADT
EUROPAS
EUROPEAN CAPITAL OF CULTURE

80 000 Kubikmeter Wasser fassten die Zisternen, die Kaiser Justinian um 540 für den Großen Palast anlegen ließ. 336 Säulen stützen die gewaltigen Gewölbe, zwei von ihnen ruhen auf umgestürzten Medusenhäuptern

BYZANZ

Tausend Jahre Einsamkeit

Von 395 bis 1453 bestand das „Byzantinische Reich“, Inbegriff von Pracht und Macht, von Kaiserherrlichkeit und Kirchenkampf. Dabei trug es niemals diesen Namen und ist dem Westen bis heute fremd geblieben

TEXT **ROLAND BENN** FOTOS **MARION BECKHÄUSER**

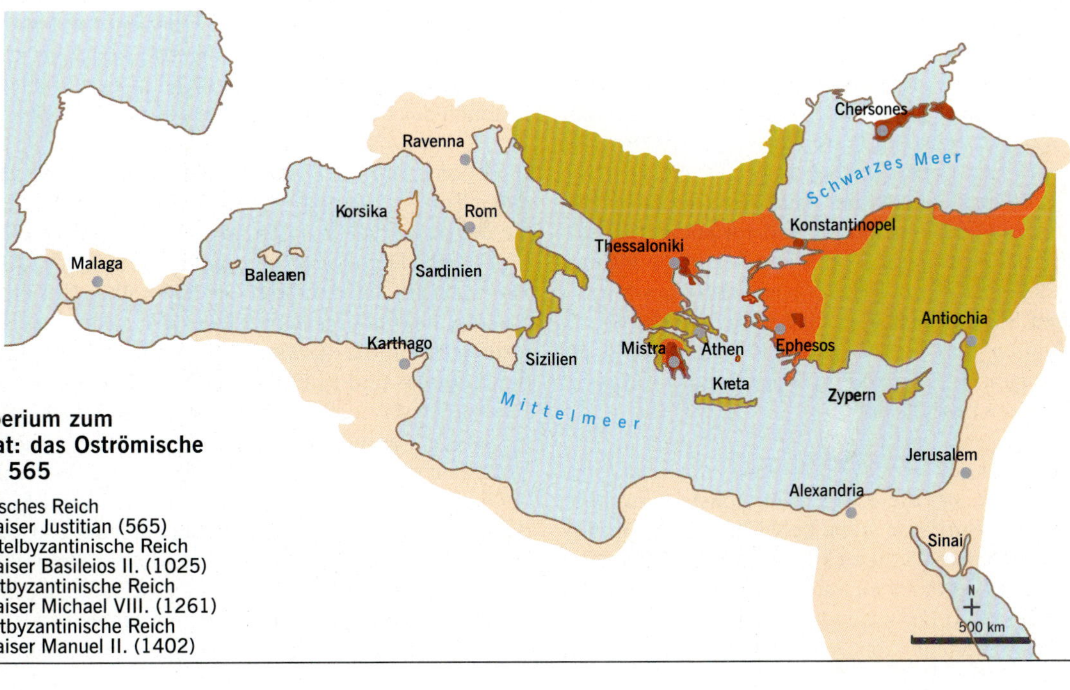

Vom Imperium zum Stadtstaat: das Oströmische Reich ab 565

- Oströmisches Reich unter Kaiser Justitian (565)
- Das mittelbyzantinische Reich unter Kaiser Basileios II. (1025)
- Das spätbyzantinische Reich unter Kaiser Michael VIII. (1261)
- Das spätbyzantinische Reich unter Kaiser Manuel II. (1402)

Am Ende bestand das Römische Reich nur noch aus einer Stadt, und die hieß noch nicht einmal Rom, sondern Konstantinopel. 1453, nach Jahrhunderten des Glanzes und Zeiten des Elends, wurde die Stadt am Bosporus von osmanischen Truppen erobert. Dies war nicht ihr Untergang, im Gegenteil, es war ihre Rettung: Aus dem halb zerfallenen Konstantinopel wurde Kostantiniya, die prächtigste Stadt der Welt, im türkischen Volksmund lange »Istanbul« (von griechisch *eis ten polin* = in der Stadt) genannt, bevor sie diesen Namen 1930 auch offiziell erhielt.

Ein Menschenalter lang war Konstantinopel von den osmanischen Feinden umzingelt, machtlos, arm und fast verlassen. Um 1400 lebten nur noch 40000 Menschen in der Stadt, Soldaten vor allem, 200 Jahre zuvor sollen es noch 700000 gewesen sein – neben Bagdad war Konstantinopel damals die größte Stadt der Welt. Zwei Versuche, sie mittels Kreuzzügen von der Belagerung durch die Türken zu befreien, scheiterten. Aber noch hielt die stärkste Festung der Welt wie in den 1000 Jahren zuvor – die gewaltige Landmauer des Theodosius.

Als Manuel II. Paläologos, »Römischer Kaiser« nach seinem Selbstverständnis und »Kaiser der Griechen« im Bewusstsein Westeuropas, 1400 durch Deutschland, Frankreich und England reiste, um für sein Reich um Beistand zu bitten, erntete er nicht mehr als Mitleid. Jenes glänzende und mächtige Reich, das einmal den Orient und das gesamte Mittelmeer beherrscht hatte, war damals schon lange Vergangenheit, ein goldener Schimmer ferner Geschichte.

Glanz hat das Wort Byzanz bis heute, aber ein Reich dieses Namens hat es nie gegeben. Und doch steht der Begriff »Byzantinisches Reich« bis heute für ungehemmte Prachtentfaltung, rigide Herrschaft und die unauflösliche Verbindung von Kirche und Staat. Es begann als griechische Kleinstadt am Bosporus, Byzantion, die im Jahr 330 ihren Namen verlor, als Kaiser Konstantin sie zur Residenz erhob, mit dem Ziel, ein »zweites Rom« zu installieren. Als Kaiser Theodosius I. 65 Jahre später das Reich unter seinen Söhnen Honorius und Arcadius aufteilte, erhielt Letzterer die Macht über den Osten. Die Teilung war nicht, wie es heute oft erscheint, Zeichen beginnender Auflösung, sondern Mittel zur Optimierung der Verwaltung und vor allem der militärischen Effizienz in einem von allen Seiten bedrohten Reich. Arcadios war wie sein Bruder römischer Kaiser in einer römischen Stadt. Nach dem Untergang Westroms im Jahre 476 fühlten sich die Kaiser in Konstantinopel als Herrscher des ganzen Rom, das im Westen nur vorübergehend von Barbaren besetzt war.

Noch als Karl der Große 800 in Rom zum Kaiser gekrönt wurde, sah die Kaiserin in Konstantinopel in ihm einen Usurpator. Irene beharrte darauf, dass es nur einen Imperator Roms geben könne, der im übrigen die Wahl eines Papstes genehmigen musste. Mit der Ernennung Karls durch Papst Leo III. waren für sie die Machtverhältnisse auf den Kopf gestellt. Aber schon 812 erkannte Byzanz den Frankenkaiser an, gab damit den alten Reichsbegriff auf und ging fortan seinen eigenen Weg.

Die weitere Geschichte des Oströmischen Reiches ist seitdem kaum im Bewusstsein der (West-)Europäer angekommen. Wir kennen unsere Karls und Konrads, aber wer kennt schon all die Manuels und Michaels? Das christliche Kaiserreich im Osten war zeitweilig das flächenmäßig größte und das sowohl militärisch als auch kulturell mächtigste in Europa und Vorderasien. Zu anderen Zeiten war es zersplittert in unverbundene Teile, von Bürgerkriegen erschüttert. Aber immer blieb es Rom. Die Bewohner sprachen griechisch, wie sie es seit vorrömischer Zeit getan hatten, und nannten sich bis zuletzt *romaioi*, Römer: Sie lebten im Bewusstsein, Bürger des römischen Weltreiches zu sein.

Immer wieder belagert, immer wieder befreit

Byzanz hatte im Gegensatz zum westlichen Rom die Wirren der Völkerwanderung überlebt. Während germanische Könige Italien eroberten und die Reste des Imperiums nach und nach vertändelten, erwies sich die um 420 vollendete Mauer des Theodosius II. als Lebensversicherung der östlichen Kapitale: Schon Attilas Hunnen und später die Goten waren an ihr gescheitert und nach Westen weitergezogen. Rom hatte 429 die Kornkammer Nordafrika verloren, Ostrom aber herrschte noch lange über Ägypten, das damals der größte Getreideproduzent der Welt war, die fruchtbare Mittelmeerküste diente als Obstgarten.

Ständig musste sich Byzanz mit den umliegenden Völkern herumschlagen. Um 600 war der Balkan verwüstet, im Norden breiteten sich asiatische Reitervölker aus, im Süden machten arabische Verbände Unruhe, die Mohammed unter grüner Flagge geeint hatte. Nach 622 gingen Syrien, das Heilige Land, Ägypten und Nordafrika an die muslimischen Truppen verloren. Die neuen Herrscher ließen allerdings die Wirtschaftsstrukturen unangetastet, Byzanz konnte weiterhin ägyptischen Weizen zu Brot machen, auch viele Institutionen der byzantinischen Verwaltung blieben intakt.

Konstantinopel war für die muslimischen Heere das Tor zu Europa. Zweimal, 674 bis 678 und 716/717 lagen die Truppen vor dem Bosporus, konnten die Mauer des Theodosius aber nicht überwinden. Dies ist der Hauptgrund, aus dem sich der Islam über Nordafrika nach Westen und in den asiatischen Osten ausbreitete. Ohne die Mauer wären die Araber ohne Widerstand in ein weitgehend staats- und militärfreies Mitteleuropa vorgestoßen. Dass ihnen das nicht gelang, war für das Schicksal Mitteleuropas von wesentlich größerer Tragweite als Karl Martells Vorgehen gegen die Araber bei Tours und Poitiers.

Die Liste der Belagerungen, unter denen die Stadt zu leiden hatte, liest sich, als habe kaum ein Heer Eurasiens diese Übung auslassen mögen. Während aber Rom wieder und wieder ausgeplündert wurde, hielt sich Konstantinopel, als Haupt und Inbegriff des Reiches. Auch in Kriegszeiten musste die Stadt weder hungern noch dürsten. Ihre gewalti-

Links: Das Bildnis von Kaiser Johannes II. (reg. 1118-43) in der Hagia Sophia. Rechts: Über der Tür zum Innenraum der Chorakirche überreicht Theodor Metochites, Schatzmeister und Neuerbauer, dem segnenden Christus ein Modell der Kirche

gen Zisternen waren mit Frischwasser gefüllt, und offenbar, so legen jüngste archäologische Erkenntnisse nahe, war die Stadt durch ein System von Tunneln stets mit Hafen und Hinterland verbunden. Der Weg für Lebensmittel und Waren war frei. Sie kamen reichlich. Justinian war es zwar nur für kurze Zeit gelungen, einen großen Teil des römischen Territoriums wieder zu vereinen, aber auch als das Mittelmeer von Antiochia (heute: Antakya) bis Gibraltar an die Araber gefallen war, blieb der Handel zu Wasser in byzantinischer Hand. Reichtümer häuften sich, Konstantinopel war lange die mit Abstand luxuriöseste christliche Stadt der Welt. Als 1097 die ersten Kreuzfahrer hier Station machten, sahen sie Aquädukte, Bäder, Kanalisation, Kliniken, eine große Universität, selbst Polizei und Feuerwehr. Errungenschaften der Antike, die im Westen mittlerweile vollkommen unbekannt waren.

Ein Glaubensstreit wird zum Bürgerkrieg

Luxus und Christentum gehörten hier zusammen. In seiner Frühzeit, unter den Kaisern Justinian und Herakleios, war Byzanz die bruchlose Fortsetzung des Römischen Reiches unter christlichem Vorzeichen. Konstantin, der die Stadt zur Residenz machte, hatte auch das Christentum zur Staatsreligion erhoben. Im 6. und 7. Jahrhundert waren kirchliche und weltliche Macht am Bosporus eng verwoben. Die Kaiser sahen sich als von Gott persönlich beauftragt und entwickelten ein Hofzeremoniell, das stark sakrale Züge trug. Was nicht verhinderte, dass der Kampf um den Thron immer wieder mit Gewalt ausgetragen wurde: 30 Prozent aller Herrscher wurden gestürzt, ihre durchschnittliche Amtszeit betrug nur 13 Jahre.

Gefährlich wurde es für das Reich allerdings, wenn der ständige Streit um die Thronfolge auch die weltlichen und kirchlichen Grundlagen in Frage stellte. Der »Bilderstreit« um die Rechtmäßigkeit von Heiligen-Darstellungen erschütterte Byzanz mehr, als jeder Streit um den Thron allein es vermochte. Diese Auseinandersetzung zog sich über 130 Jahre von 711 bis 843 hin und nahm immer mehr die Form eines Bürgerkrieges an. Einzelne Provinzen sagten sich los, 823 wurde Konstantinopel sogar belagert. Erst nach dieser Zeit erblühte die Ikonenkunst, die bis heute Inbegriff byzantinischer Kultur ist. Der Grundgedanke eines kaiserlichen Gottesgnadentums trug sich durch die gesamte Zeit des Reiches, seine im Westen als dekadent gesehene Prachtentfaltung war auch Bedingung seiner Stabilität. Und zugleich einer Erstarrung, die die Verbindung aus Antike und Orient in immer größeren Gegensatz zu »Europa« brachte.

Die Malereien der Chorakirche, hier die Kuppel des Parekklesions, gehören zu den bedeutendsten Werken christlicher Kunst

Heinrich August Winkler hat in seiner »Geschichte des Westens« den Unterschied herausgearbeitet: So etwas wie einen Investiturstreit, eine wenn auch nur gedankliche Trennung von Religion und Staat, einen Ansatz zur Säkularisierung hat es in Byzanz nie gegeben. Nie gab es eine Tendenz zur Gestaltung des öffentlichen Lebens durch Rationalität und Professionalität, nie gab es Kritik am Verhalten des Staates, nie Öffentlichkeit von Entscheidungen. Alle Voraussetzungen für Toleranz, Demokratie und Gewaltenteilung und schließlich zur Formulierung von Menschenrechten fehlten in der Welt der goldenen Ikonen und griechischen Kaiser, die fast Götter, aber immer Römer waren.

Marodierende Kreuzfahrer schänden die Stadt

Als 1203 das vierte Kreuzfahrerheer vor der Landmauer auftauchte, begann das lange Ende des Oströmischen Reiches. Die Kreuzfahrer, ein marodierender Haufen, wurden von Byzanz' größter Konkurrenz Venedig finanziert. Weil sie als Winterlager eine christliche Stadt in Dalmatien geschändet hatten, waren sie allesamt vom Papst exkommuniziert worden. Unter Führung des Dogen Dandolo griffen sie in einen der vielen byzantinischen Machtkämpfe ein: Alexios III. hatte Isaak II. abgesetzt, weshalb dessen Sohn das »Lateinerheer« um Hilfe bat. Alexios floh, Isaak wurde kurz wieder auf den Thron gesetzt. Die Kreuzfahrer aber nahmen sich als Lohn für ihre Arbeit die ganze Stadt. Im Frühjahr 1204 mordeten und raubten sie ganz nach Kreuzfahrerart, schändeten Kirchen und Paläste und errichteten schließlich eine Gewaltherrschaft, die sie »Lateinisches Kaiserreich« nannten.

Die Byzantiner retteten sich in die Provinz und errichteten mehrere konkurrierende Kaiserreiche, etwa in Trapezunt (heute: Trabzon) am Schwarzen Meer und Nicäa (heute: Iznik). Dort bereiteten sie die Rückeroberung vor, die den Nicäern 1261 auch glückte. Das Reich aber blieb zersplittert, arrangierte sich in immer neuen Koalitionen, vor allem, wenn es sich gegen die Bulgaren und Osmanen wehren musste. Das gelang bis zum 29. Mai 1453.

Eines der ersten Opfer der neuen osmanischen Herrschaft war der Kaiserpalast, der sich auf einer Fläche von zehn Hektar zwischen der Hagia Sophia und dem Marmarameer erstreckte und bis zu sechs Stockwerke hatte. Die Osmanen haben sich, wie auch die moderne Türkei, nur beiläufig um die byzantinische Vergangenheit gekümmert. Ausländische Forscher waren nicht gern gesehen, oder nur, wenn sie sich mit der Antike beschäftigten. Erst in jüngster Zeit haben die Behörden umgedacht. Seitdem ist Istanbul eine Schatzkammer für Archäologen. In den nächsten Jahrzehnten könnte ihre Arbeit dem bisher wenig bekannten byzantinischen Reich zu neuem Glanz verhelfen. ■

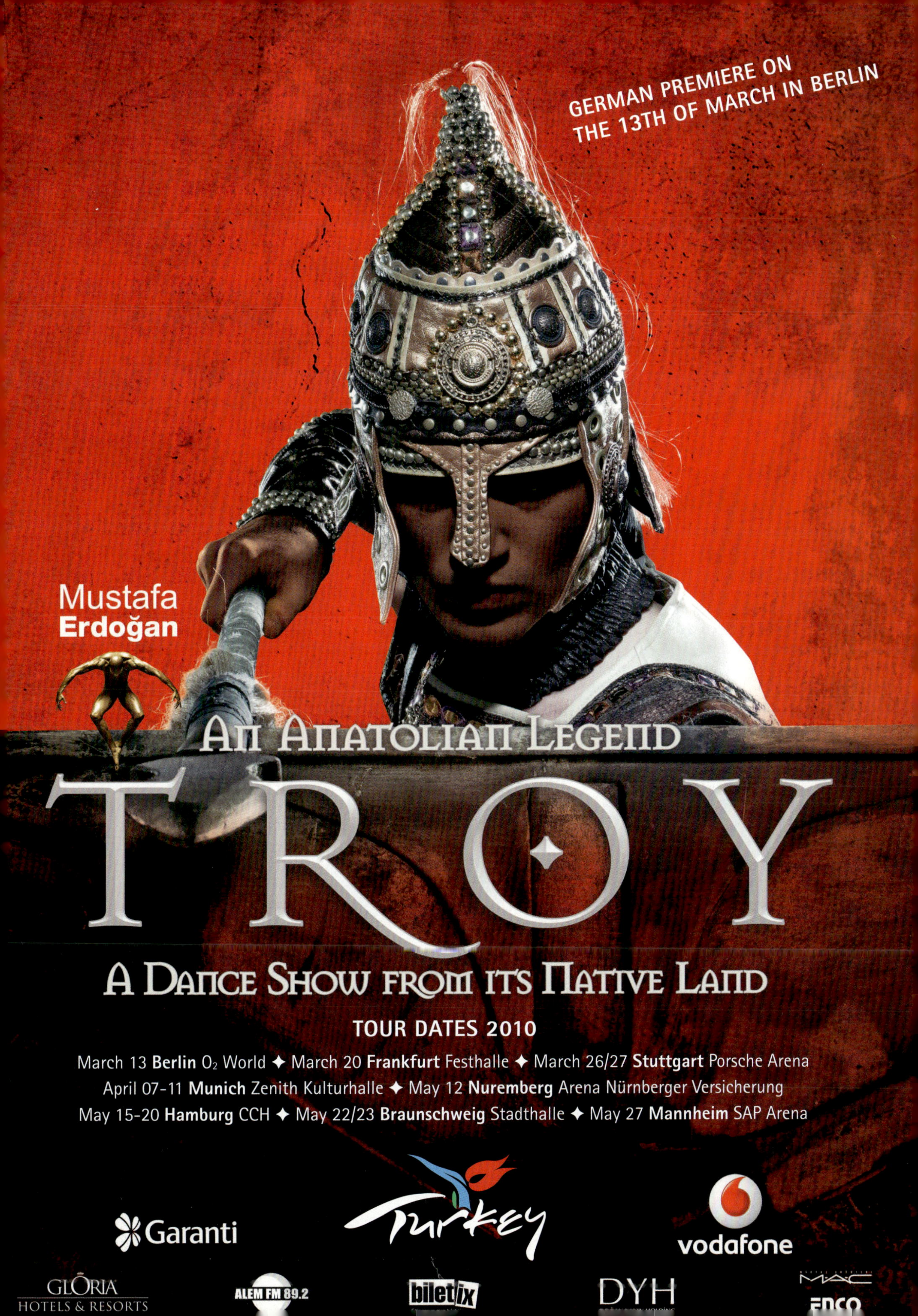
GERMAN PREMIERE ON
THE 13TH OF MARCH IN BERLIN
Mustafa
Erdoğan
AN ANATOLIAN LEGEND
TROY
A DANCE SHOW FROM IT'S NATIVE LAND
TOUR DATES 2010
March 13 Berlin O2 World ✦ March 20 Frankfurt Festhalle ✦ March 26/27 Stuttgart Porsche Arena
April 07-11 Munich Zenith Kulturhalle ✦ May 12 Nuremberg Arena Nürnberger Versicherung
May 15-20 Hamburg CCH ✦ May 22/23 Braunschweig Stadthalle ✦ May 27 Mannheim SAP Arena
Garanti
Turkey
vodafone
GLORIA
HOTELS & RESORTS
ALEM FM 89.2
biletix
DYH
MAC

Immer an der Wand lang

Die Theodosianische Landmauer aus den Jahren um 420 ist der größte Wehrbau der Spätantike. Bis zur Eroberung durch die Türken hielt sie tausend Jahre stand. Heute dient sie als Steinbruch, Schrebergarten und Spazierweg

Hasan ist seit drei Jahren »auf Platte«. Aber seine Platte ist aus Marmor. Der obdachlose Müllsammler wohnt im Bukoleonpalast, in den Resten einer kleinen Zisterne, die in der Seemauer des einstigen byzantinischen Kaiserpalastes eingelassen ist. Der schmächtige Mann mit dem verfilzten Bart zeigt auf das Kreuz im Säulenkapitell über seinem Deckenlager: »Alles ziemlich alt hier«, grummelt er, »aber solide.«

In Istanbul gilt: Je älter die steinernen Hinterlassenschaften, desto unbekümmerter werden sie von den Einwohnern in Beschlag genommen. Nirgendwo ist das so gut zu bestaunen wie entlang den See- und Landmauern von Byzanz.

Noch in den fünfziger Jahren des vergangenen Jahrhunderts waren die Mauern und Paläste vom Marmarameer umspült. Dann wurde dort Land für eine vierspurige Straße aufgeschüttet, auf der sich heute die Autofahrer nach Feierabend waghalsige Überholmanöver liefern.

Gleich zu Beginn des Mauerspaziergangs in der Altstadt und kurz hinter dem weißen Leuchtturm ragt das überwucherte Gerippe der östlichen Aussichtshalle des Bukoleonpalastes in die Luft. Marmorne Fensterstürze und dahinter: nichts. Über Terrassen erstreckte sich die Große Palastanlage der Kaiser fast über den gesamten ersten Stadthügel hinauf bis zum Hippodrom aus vorchristlicher Zeit – die Kreuzfahrer machten mit ihrer Zerstörungswut im Jahr 1204 der Pracht ein Ende. Jahrhunderte später kam die Hausfrau Sulfiye Ordu und ließ sich auf den Palastresten ein Drei-Zimmer-Häuschen bauen. Ihr Balkon wird von den Mauern des Königspalastes begrenzt. »Aber ich traue mich gar nicht mehr, hier Wäsche aufzuhängen – aus Angst, mir könnte aus dieser alten Mauer ein Stein auf den Kopf fallen.«

Imperialistischer Schutzwall: Dutzende von Heeren scheiterten an dieser Mauer, die heute in Teilen für jeden begehbar ist

Viele Istanbuler setzten ihre windschiefen Holzhäuser und eilig gemauerten Behausungen auf die Mauerstümpfe. Parkplätze, Restaurantgärten und sogar eine Eisenbahntrasse grenzen an die Reste des byzantinischen Walls. Wer eine Ahnung davon bekommen möchte, was von der ruhmreichen Vergangenheit der Stadt noch unter der Erde zu entdecken ist, der sollte den Sedir Carpet Shop in der Mimar Mehmet Ağa Caddesi nahe dem Hippodrom aufsuchen. Keller statt Kelim? Der Händler zeigt genervt zur Treppe ins Untergeschoss. Dort im Dunkeln liegen Palastmosaike unter Glas, deren geometrische For-

Zwischen Goldenem Horn und Marmarameer: die 6,5 Kilometer Theodosianische Landmauer ist eine Attraktion für Stadtwanderer (siehe »Die Mauer-Route« S. 94)

Trutzbau: Yedikule, die Festung der Sieben Türme, ist heute Museum. Die byzantinische Anlage bauten die osmanischen Herrscher aus

menvielfalt es mit jedem Teppich im Laden darüber aufnehmen kann. Forscher vermuten hier die Residenz von Marina, einer Schwester von Theodosius II. Eine weitere Treppe tiefer sprudelt ein Hagiasma, eine heilige Quelle. Auf dem Felsstein darüber hat eine verwitterte Freske dem Lauf der Zeit getrotzt.

Zurück auf der Uferstraße weiter an der Seemauer entlang. In den noch erhaltenen Originalabschnitten der Mauer wechseln sich Ziegel und behauener Kalkstein ab, angefressen und ausgehöhlt von den Jahrhunderten und den Istanbulern, die sich hier mit Steinen für ihre privaten Bauvorhaben versorgten. Erdbeben ließen die Mauer streckenweise zusammenstürzen, aber die Byzantiner bauten sie jedesmal wieder auf. In jüngster Zeit wurden die Mauerreste an einigen Abschnitten mit normierten Fabriksteinen ergänzt – zum Entsetzen von Stadthistorikern .

Dort, wo die See- auf die Theodosianische Landmauer stößt, steht Yedikule, die Festung der Sieben Türme. Den Osmanen diente die Burg als Hinrichtungsstätte, heute finden im Innenhof Sommerkonzerte statt. Die rostige Tribüne steht vor der verrammelten Porta Aurea, dem Goldenen Tor, einst der prächtigste Zugang zur byzantinischen Reichshauptstadt.

Die Mauer im Wandel: von der Festung zum Gemüsegarten

Die Theodosianische Landmauer war eine mit 192 Türmen bewehrte Doppelmauer, so meisterlich konstruiert, dass sie mehr als tausend Jahre allen Angreifern standhielt. Und auch Sultan Mehmet hätte sie mit seinen Truppen vielleicht nie überwunden, wenn nicht ein Grieche vergessen hätte, eine Pforte hinter sich zuzumachen. So sagt es zumindest die Legende.

Nicht weit von dort, wo die Osmanen in die Stadt einfielen, pflegt heute Durmuş Karaca seine Beete. Von krummsäbelschwingenden Horden will er nichts wissen, ihm reichen schon die Schatzsucher, die sich hier nachts mit ihren Metalldetektoren herumtreiben. Karaca zieht in dem erdgefüllten Wassergraben Kohl und Karotten; im *peribolos,* der Straße zwischen den beiden Mauern, in der einst byzantinische Verteidigungstruppen stationiert waren, gedeihen heute Paprika und Feigen. Sein Schreberhäuschen ist aus Sperrmüll, das Plumpsklo lehnt in einer Mauernische. Karacas Frau betreibt vorne an der Hauptstraße den Verkaufsstand: frisches Obst und Gemüse von der byzantinischen Mauer.

Die Außenseite der 6650 Meter langen Theodosianischen Landmauer gehört vom Bosporus fast bis zum Goldenen Horn den Kleingärtnern – die Stadt hat ihnen das Land verpachtet. Durch die heute noch geöffneten acht Haupttore passt nur ein Auto. Hobbypolizisten aus der Nachbarschaft regeln mit müden Armbewegungen und monotonen Trillerpfiffen die Ein- und Ausfahrten.

Die innere Seite des Bollwerks geht nahtlos in den Stadtteil Fatih über, als praktische Begrenzungsmauer für

Die Istanbuler beziehen die Mauer in ihren Alltag ein. Zum Wäschetrocknen ist sie praktisch, für den Verkehr hinderlich. Die Tore sind zu eng

Hundezwinger, Autowerkstätten und Fabrikgelände. Viele Durchgänge zu den Türmen der inneren Festung sind vernagelt, manche sogar mit einer Eisentür gesichert. Dahinter verbergen sich die Warenvorräte der Schrotthändler und Kioskbesitzer aus dem Viertel. Von den ungesicherten Maueröffnungen sollte man sich besser fernhalten, sagen die Anwohner. Drogenabhängige, Prostituierte und Gangster hätten sich dort eingerichtet. Auch die zerschlagenen Bierflaschen auf der begehbaren Mauerkrone deuten auf wildes nächtliches Treiben hin.

Fast am Ende des Walls, kurz vor dem Goldenen Horn, befindet sich Işık Kürecis Schreinerei. »Gemietet«, nuschelt der bucklige Meister, sein Lehrling verschraubt einen Schrank aus Pressspanfurnier. Gemietet? »Ja, der Besitzer von diesem Turm steht im Grundbuch.« Die dicken Mauern halten die Werkstatt im Sommer kühl und im Winter mit Unterstützung des Kanonenofens warm. Ein paar Meter weiter zwängt sich ein Bolzplatz in eine Mauerlücke, gleich neben den Ruinen des Blachernen-Palastes, der während der letzten 200 Jahre des byzantinischen Reichs die Residenz der Kaiser war. „Aber das ist ja alles sehr lange her", sagt Schreinermeister Küreci, und der arbeitet hier schon seit vierzig Jahren am Ende der Mauer. ■

Gunnar Köhne

Die Mauer-Route

Die 6,6 Kilometer lange **Theodosianische Landmauer** ist das größte Bauwerk aus byzantinischer Zeit und gehört zur Unesco-Welterbestätte »Historische Bereiche von Istanbul«. Sie beginnt im Norden direkt neben der Autobahnbrücke über das Goldene Horn. An der Außenseite der Mauer steht der **Tekfur Saray** aus Ziegeln und Marmor, ein dreistöckiger Anbau des Blachernen-Palastes, der im 13. und 14. Jahrhundert Residenz der byzantinischen Kaiser war. Nach der Eroberung Konstantinopels wurde er abgerissen. Etwas weiter südlich steht die für ihre Mosaike und Fresken weltberühmte **Kirche des Chora-Klosters** innerhalb der Mauern, und direkt hinter dem **Edirnekap** (Edirne-Tor) erhebt sich auf dem höchsten Punkt der Altstadt die vom großen Baumeister Sinan entworfene **Mihrimah Cami**, die Moschee der Lieblingstochter Süleymans des Prächtigen. Hier wird die Mauer von einer Hauptverkehrsstraße (Fevzi Paşa Caddesi) gekreuzt. Über eine weitere Hauptstraße (Adnan Menderes Bulvar) hinweg gelangt man zur Sulukule Caddesi, viele Roma lebten hier, sie sind kürzlich gegen den Protest vieler Istanbuler zwangsumgesiedelt worden. Wer weiter gen Süden geht, erreicht an der nächsten Hauptverkehrsstraße (Turgut Özal Caddesi) das **Tokapı** (Kanonentor). Der Name erinnert an die Eroberung Konstantinopels durch Mehmet II. im Jahr 1453. **Yedikule**, die Festung der »Sieben Türme«, liegt am Südende der Mauer. Die Anlage ist byzantinischen Ursprungs mit osmanischen Erweiterungen. Ihre Türme sind durch dicke Mauern verbunden. Am **Mermer Kule** (Marmorturm) endet die Landmauer – eigentlich führt sie bis zum Marmarameer, die Kennedy Caddesi trennt sie aber vom Wasser ab. Der Turm verband einst die Landmauer mit den **Seemauern**, die an der Küste nach Osten bis zur Spitze der Halbinsel reichten und heute nur noch in Fragmenten erhalten sind.

Die Hagia Sophia war lange die wichtigste Kirche der Christenheit. 1054 kam es hier zur Spaltung zwischen orthodoxer und römischer Kirche. Byzanz blutete aus. Der Glaubensstreit dauert bis heute

TEXT **SUSANNE GÜSTEN** FOTOS **WALTER SCHMITZ**

Der Untergang

Als wäre das Licht mit Händen zu greifen: Das Raumgefühl in der Hagia Sophia überwältigt den Besucher. Die acht Rundschilder an den Hauptpfeilern stammen aus dem 19. Jahrhundert. Auf ihnen stehen die Namen Allahs, Mohammeds, seiner Enkel Hasan und Hüseyin sowie der ersten vier Kalifen

des Imperiums

Im Jahr 537 wurde der Rohbau der Hagia Sophia eingeweiht. Die der »Göttlichen Weisheit« gewidmete Kirche galt fast ein Jahrtausend lang als größter Kuppelbau der Welt. Unter den Osmanen wurde die Hauptkirche des Byzantinischen Reiches zur Moschee

1000 Jahre war die Christenheit geeint – bis sich Rom und Konstantinopel überwarfen

Immer noch werden Bilder wiederentdeckt: Das Deesis-Mosaik auf der Galerie stammt vermutlich aus der Zeit um 1260. Eine Darstellung des Jüngsten Gerichts mit Jesus als Alleinherrscher, flankiert von Johannes dem Täufer und der Muttergottes

Die Osmanen rissen die Kirchen nicht ab, sondern machten sie zu ihren Moscheen

Lob sei Allah und Gott im selben Haus: Die Fethiye-Moschee beherbergt auf der Rückseite die Pammakaristos-Kirche, einst Sitz des Patriarchen

Der Karren eines Straßenhändlers rattert über das Kopfsteinpflaster, sonst ist es ruhig in der von Bäumen beschatteten Eroberungs-Tor-Gasse. Frauen im *çarşaf,* dem schwarzen Ganzkörperschleier, laufen mit gesenktem Blick zum Markt; die Männer tragen Pluderhosen, Bärte, Gebetskäppis. Die Bewohner des Çarşamba-Viertels, das sich hoch über dem Goldenen Horn um die Fethiye-Moschee gruppiert, sind in der Türkei für ihre Frömmigkeit und Sittenstrenge bekannt. Wenn der Ruf des Muezzin ertönt, ist der feuchte, dunkle Raum unter der Kuppel rasch gefüllt mit Gläubigen, die sich gen Mekka verneigen.

Das tausendjährige Gotteshaus, in dem die frommsten Moslems von Istanbul zu Allah beten, hat aber auch eine andere Seite: Um die Gassenecke ist das Gebäude durch einen Rosengarten auch von der Rückseite zugänglich – nur betritt man dann nicht die Moschee, sondern das Parekklesion, die Seitenkapelle der alten Pammakaristos-Kirche, die einst eine der bedeutendsten Kirchen Konstantinopels war, wie die byzantinischen Goldmosaiken von Christus und den Propheten im Inneren bezeugen. Im 16. Jahrhundert verwandelten die osmanischen Machthaber die Kirche in eine Moschee. 1949 wurde das Parekklesion restauriert und zum Museum erklärt.

Christentum und Islam bestehen in direkter Nachbarschaft, wie in der Fethiye-Moschee, so auch in ganz Istanbul: Hinter den Fassaden von Minaretten und Moscheen stößt man überall auf die Geschichte des Christentums. Von der Formulierung der theologischen Grundlagen über den Aufstieg zur Weltreligion bis hin zur Spaltung der Christenheit – hier im früheren Konstantinopel sind stets die Weichen für die Entwicklung des christlichen Glaubens gestellt worden.

Unten am Goldenen Horn, durch die engen Gassen von Balat und Fener nur einen viertelstündigen Spaziergang von der Pammakaristos-Kirche entfernt, wird daran heute noch gearbeitet. Nur durch einen Seiteneingang ist die Kirche Hagios Georgios im Zentrum Istanbuls zu betreten. Hier residiert der Ökumenische Patriarch von Konstantinopel, das spirituelle Oberhaupt von 300 Millionen orthodoxen Christen in aller Welt. Das Haupttor ist versiegelt, seit 1821 der damalige Patriarch auf Befehl des Sultans hier aufgeknüpft wurde. Das seit 1700 Jahren in dieser Stadt verwurzelte Patriarchat wird von den türkischen Behörden mehr schlecht als recht gelitten. Und doch verfolgen die Theologen hinter dem zugeschweißten Tor in diesen Tagen kein geringeres Ziel als die Wiedervereinigung der Christenheit.

Weihrauch steigt vor der goldschimmernden Ikonostase von Hagios Georgios auf, wenn dort die Messe gefeiert wird. Im Schein von Kerzen und Lüstern erfüllen sonore Sprechgesänge den Raum, während die Ketten an den schwingenden Weihrauchgefäßen rhythmisch klimpern. »Pisteuo eis hena Teon, Patera, pantokratora, poieten ouranou kai georaton te panton kai aoraton«, rezitiert der Priester auf Griechisch das Glaubensbekenntnis, das die Kirchen in Ost und West noch immer verbindet: »Ich glaube an den einen Gott, den Vater, den Allmächtigen, der alles geschaffen hat, Himmel und Erde, die sichtbare und die unsichtbare Welt …« Als Nicäno-Konstantinopolitanum bezeichnen Theologen dieses Glaubensbekenntnis, die Grundlage des christlichen Glaubens, weil es im nahen Nicäa und hier in Konstantinopel formuliert wurde.

Der Weg zurück zu den gemeinsamen Wurzeln der Christenheit ist in Istanbul nicht weit. Nur vier Kilometer von Hagios Georgios entfernt erhebt sich im Vorgarten des osmanischen Topkapı-Palastes die Hagia Irene, eine der ältesten und schönsten byzantinischen Kirchen der Christen – und die Geburtsstätte des Glaubensbekenntnisses.

Nur auf Antrag und mit Sondergenehmigung schiebt ein Wärter heute die gewaltigen Riegel am Kirchentor zurück. Sonst finden in der ersten in Konstantinopel erbauten Kirche Konzerte, Ausstellungen und Theatervorstellungen statt. An den Ort, an dem im Jahr 381 die Bischöfe des Römischen Reiches das Nicäno-Konstantinopolitanum verabschiedeten.

Ein dramatisches Jahrhundert war das für die Christenheit: Das Machtzentrum des Römischen Reiches verlagerte sich von Rom nach Konstantinopel, die Geschicke des jungen Glaubens wendeten sich zum Guten. Die Christenverfolgungen der ersten Jahrhunderte gingen zu Ende, Kaiser Konstantin I. nahm den christlichen Glauben an, und noch vor der Jahrhundertwende, 391, hatte Kaiser Theodosius I. das Christentum zur alleinigen Religion des Reiches erhoben.

Von einer verfolgten Minderheit waren die Christen innerhalb eines Jahrhunderts Träger einer Staatskirche geworden. Ihre Dogmen legte die Kirche in den folgenden knapp 500 Jahren auf den sieben Ökumenischen Konzilen fest, die in und um Konstantinopel tagten und deren Beschlüsse in den meisten Kirchen der Welt noch heute Gültigkeit haben.

Mit Leidenschaft und manchmal mit Gewalt wurden diese theologischen Grundlagen geschaffen. Dem fünften Ökumenischen Konzil in der Hagia Sophia etwa ging ein theologischer Disput zwischen Kaiser Justinian und Papst Vigilius voran, der in einer Verfolgungsjagd kreuz und quer durch Konstantinopel und über den Bosporus nach Chalcedon gipfelte. Als die Soldaten des Kaisers ihn dabei aus einer Kirche herauszerren wollten, klammerte sich der aus Rom herbeizitierte Papst einmal so am Altar fest, dass dieser einstürzte; ein andermal seilte er sich aus einem Fenster ab, um seinen Verfolgern zu entkommen.

Das siebente Konzil im Jahr 787, bei dem es um die Anerkennung der Ikonenverehrung als »rechtgläubig« ging, musste hastig nach Nicäa vertagt werden, als eine Garde kaiserlicher Soldaten mit gezückten Schwertern in die Apostelkirche stürmte und die versammelten Bischöfe auseinandertrieb: Die Soldaten dachten in Sachen Ikonen anders als die Geistlichkeit.

Es ist eigentlich ein Wunder, dass die Kirche tausend Jahre lang geeint blieb – zumal die kulturellen Spannungen im Reich sie auseinandertrieben: Im Osten sprach die Kirche griechisch, im Westen lateinisch; in der Hauptstadt

Pater Dositheos, Sprecher des Patriarchen, hält jeden Sonntag die Messe in der Mariä-Verkündigungskirche im Armenviertel Dolapdere. Nur noch wenige Familien kommen heute in das riesige Gotteshaus

Konstantinopel kooperierten Patriarch und Kaiser, in Rom waltete der Papst allein und bekam immer mehr weltliche Macht. Doch als die »Lateiner« an dem Nicäno-Konstantinopolitanum rührten und ihm ein Wort hinzufügten, war Schluss mit der Einheit im Glauben. »Filioque« (»und vom Sohn«) hieß das folgenreichste Wort der westlichen Kulturgeschichte, mit dem der Ursprung des Heiligen Geistes vom Vater auf den Sohn ausgedehnt wurde. Bis heute spaltet dieses Wort die Christenheit.

Zum Bruch kam es im Sommer 1054: Mit dramatischer Geste betrat Humbert von Silva Candida, Kardinal und Gesandter des Papstes, die Hagia Sophia, wo gerade ein Gottesdienst gefeiert wurde. Zwar war der Papst gestorben, seit Humbert aus Rom abgereist war, doch das beirrte den Gesandten nicht. Auf den Altar der Hagia Sophia, der bedeutendsten Kirche der Christenheit, knallte Humbert eine päpstliche Bulle zur Exkommunikation des Patriarchen von Konstantinopel, stolzierte danach zur Tür und schüttelte dort demonstrativ den Staub von seinen Füßen. Der Rest ist Geschichte: Der Patriarch exkommunizierte seinerseits die päpstliche Delegation, und das Große Schisma zwischen der orthodoxen und der römischen Kirche nahm seinen Lauf.

150 Jahre später wurde der Bruch nochmals am Altar der Hagia Sophia besiegelt: Ritter des vierten Kreuzzuges schlugen ihn in Stücke. Die Eroberer aus dem Westen »brachten Pferde und Maultiere in die Kirche, um die erbeuteten Heiligtümer abzuschleppen und das Gold und Silber, das sie vom Patriarchenthron und von der Kanzel abgerissen hatten«, beschrieb ein zeitgenössischer Beobachter die Plünderung. »Eine ordinäre Dirne wurde auf den Patriarchenthron gesetzt, wo sie vulgäre Lieder sang und den heiligen Ort entweihte.« Die Kreuzritter raubten, mordeten und brandschatzten, bis Konstantinopel auf den Knien lag. Eine Aussöhnung zwischen Christen in Ost und West schien in dieser Welt nicht mehr möglich.

Und doch winkten Papst und Patriarch eines schönen Herbsttages im Jahr 2006 gemeinsam von einem Balkon am Goldenen Horn herab, lachend, die hochgereckten Hände ineinander verschlungen: Papst Benedikt XVI. und Patriarch Bartholomäus I. demonstrierten Verbundenheit, fast tausend Jahre nach der Kirchenspaltung. Den ersten Schritt hatten ihre Amtsvorgänger 1965 mit der Rücknahme der gegenseitigen Exkommunikationen getan, doch weiter war die Aussöhnung nicht gekommen – zu weit hatten sich die Kirchen in tausend Jahren voneinander entfernt.

Unter Bartholomäus und Benedikt ist der Traum von der gemeinsamen Eucharistie wieder aufgelebt. Im Patriarchat von Konstantinopel wird unter Hochdruck an der Voraussetzung für Einheitsgespräche mit dem Vatikan gearbeitet: einer Einigung der vielen orthodoxen Kirchen, die sich untereinander nicht einmal über das Datum des Weihnachtsfestes einig sind.

Unter einer silbern verzierten Ikone in seinem altmodisch möblierten Büro in der Hagios-Georgios-Kirche legt Pater Dositheos Anagnostopoulos, der Sprecher des Patriarchen, die Fingerspitzen zusammen und berichtet von den Fortschritten bei der pan-orthodoxen Einigung. Über Nacht sei die Wiedervereinigung der Kirche nach tausend Jahren nicht zu machen, räumt er ein und blickt durch die hohen Fenster hinaus auf die Gassen des alten Konstantinopel. »Aber ich glaube nicht, dass es noch einmal tausend Jahre dauert, bis wir wieder eine Kirche sind.« ■

1453 übernahmen die Osmanen die Macht und plünderten die Hagia Sophia. Kreuze wurden durch Halbmonde ersetzt, vier Minarette errichtet

Atatürk machte die Hagia Sophia zum Museum. Jeder ist hier heute willkommen

Schatzkammer mit Ikonen, Madonnen, Mosaiken: Die Hagios-Georgios-Kirche gehört zur Residenz des Ökumenischen Patriarchen von Konstantinopel. Er ist spirituelles Oberhaupt von 300 Millionen Gläubigen

MERIAN | INFO

Die letzten orthodoxen Christen in Istanbul

Das Hagia-Triada-Kloster thront hoch über dem Wasser auf der Heybeli-Insel **(E 13)** im Marmarameer. Wie verwunschen liegen die Gemäuer auf der zweitgrößten der Prinzeninseln seit vielen Jahren in einem tiefen Schlaf. Das Kloster beherbergt das **Priesterseminar des Patriarchats von Konstantinopel**, des historischen Zentrums der orthodoxen Christenheit. 127 Jahre lang wurden hier Priester der orthodoxen Kirche ausgebildet. 1971 ließ der Staat das Seminar schließen. Die Begründung: Ebenso wie die islamischen Imame vom Staat ausgebildet, besoldet und kontrolliert würden, müsse auch die christliche Kirche den staatlichen Hochschulen unterstellt werden. Dieses türkische Verständnis von Laizismus läuft auf eine staatliche Kontrolle über die Religionen hinaus. Weil aber die orthodoxe Kirche ihren Klerus nicht vom türkischen Staat ausbilden lassen will, hat die orthodoxe Kirche von Konstantinopel keine Perspektive.

Seit fast vier Jahrzehnten werden auf der Heybeli-Insel keine Priester mehr ausgebildet. Inzwischen sind viele der amtierenden Bischöfe und Metropoliten über 70 Jahre alt und können ihre Aufgaben kaum noch wahrnehmen. Wenn das Priesterseminar nicht bald wieder eröffnet werden darf, wird der orthodoxe Klerus von Konstantinopel aussterben.

Der orthodoxen Gemeinde von Istanbul ergeht es inzwischen nicht besser. Zwar waren die Istanbuler Christen von dem Bevölkerungsaustausch ausgenommen, in dessen Verlauf nach dem Griechisch-Türkischen Krieg (1919-22) mehr als eine Million orthodoxe Christen aus der Türkei nach Griechenland umgesiedelt wurden. Anti-griechische Ausschreitungen, Auswanderungen und Ausweisungen haben diese Minderheit aber seither so weit dezimiert, dass die christlich-orthodoxe Gemeinde der Stadt heute kaum noch 2000 Seelen zählt.

Das Priesterseminar: auf Anweisung der türkischen Regierung geschlossen

Vier kleine Fluchten

Irgendwann überfordert Istanbul jeden. Zu viel Energie, Chaos, Tempo. Dann ist es Zeit rauszufahren: an den Strand, in den Wald, auf echte und künstliche Inseln. Entspannung garantiert

FOTOS **WALTER SCHMITZ**

Büyükada, die größte der neun Prinzeninseln, ist auch die attraktivste. In der Nähe des St. Georg-Klosters ist der Blick auf das Marmarameer atemberaubend – und die Großstadt scheint ganz weit weg

Prinzeninseln

Es gibt keine Autos, keine Discos – dafür Droschken und phantastische Sonnenuntergänge. Das Leben hier ist anders. Langsamer. Stiller. Schöner.

Die Droschkenkutscher sind die Taxifahrer der Inseln. Ihre Pferdfuhrwerke, *fayton,* sind nach Phaeton, dem Sohn des Sonnengottes benannt. Andere öffentliche Verkehrsmittel gibt es nicht

Sie sind die maritimen Vororte der Millionenstadt, nur eine gute Stunde dauert die Fahrt mit der Fähre zu den Prinzeninseln im Marmarameer nahe der asiatischen Küste. Nur fünf der neun Inseln sind bewohnt und vier regelmäßig mit dem Schiff zu erreichen. Die Istanbuler nennen sie alle *adalar* von *ada*, Insel. Sie sind von ungewöhnlicher Schönheit und bieten grandiose Natur. Mehr als 1000 Jahre lebten hier nur Möwen und Mönche, in byzantinischer Zeit dann waren sie ein Ort der Verbannung. Ihren schönen Namen verdanken sie einem grausamen Anlass: Prinzen, die bei der Thronfolge im Weg standen, wurden hier ins Kloster gesteckt und gern zuvor noch geblendet, um ihnen die Machtergreifung ganz und gar unmöglich zu machen. Nach der Eroberung durch die Osmanen bauten sich reiche Familien hier ihre Sommerresidenzen. Mit Einführung der Dampfschifffahrt 1846 waren die Prinzeninseln binnen kurzem erschlossen. Fahren Sie nicht sonntags hierher, dann haben Tausende Istanbuler die gleiche Idee! Machen Sie eine große Droschkentour auf Büyükada, nehmen Sie ein Zimmer im Splendid Palace Hotel, das an vergangene Zeiten erinnert, und genießen Sie die Stimmung von feiner, leiser Melancholie.

Treffpunkt aller Inselstädtchen ist die *iskele*, die Anlegestelle der Fähren. Hier gibt es auch die meisten Cafés und Restaurants

Istanbuls wohlhabende Familien errichteten sich auf den Prinzeninseln im 19. Jahrhundert ihre Sommervillen. Auf Büyükada sind viele dieser hölzernen Bauten erhalten: elegant, reich verziert und meist weiß

Surferparadies am Stadtrand: Bei dem Ort Kilyos beginnt das Schwarze Meer mit endlosen Sandstränden und starkem Wellengang. Die Wasserqualität ist hier besser als im Marmarameer

Schwarzes Meer

Sonne, Sand und Meer: Der Hausstrand der Istanbuler liegt bei Kilyos am Schwarzen Meer – 35 Kilometer von der Großstadt entfernt

Die Strömungen am Schwarzen Meer können heimtückisch sein. Die Alternative zum Bad in den Wellen: ein Ausritt am Wasser entlang

Auch wenn immer wieder Istanbuler im Bosporus schwimmen: Lassen Sie es sein! Die Strömungen sind gefährlich, und Quallen trüben das Badevergnügen. Fahren Sie lieber ein Stück raus: Nur 35 Kilometer von Istanbul entfernt beginnt auf europäischer Seite nahe dem Ort Kilyos das Schwarze Meer, gesäumt von feinem Sandstrand. Die Küste ist flach, die Wellen brechen sich weit draußen, und das Wasser ist sauberer als im Marmarameer. Doch so sehr das klare Wasser lockt, baden sollten Sie nur dort, wo Rettungsschwimmer wachen, am Schwarzen Meer kann es immer wieder zu gefährlichen Unterströmungen kommen. Zwei komfortable Badeplätze sind »Solar Beach« und »Nonstop Beach« bei Kilyos. Mit einer Fläche von 30 000 Quadratmetern ist »Solar Beach« einer der größten Privatstrände des Landes, er bietet Gästen neun Sonnenterrassen, Bars, Cafés und jede Menge Angebote. Etwas weniger energiegeladen ist das direkt daneben eröffnete zweite Privatbad. Am Wochenende finden hier Kurse in Aquagym, Yoga und Pilates statt. Beide Strandbäder sind kostenpflichtig.

Karadeniz nennen die Türken das Schwarze Meer. Es ist zwar rauer als das Mittelmeer, bietet aber beste Badebuchten und viel Platz für ein Abendessen am Strand

Belgrader Wald

Picknick im Grünen: Durchatmen unter alten Buchen und Eichen

Die Istanbuler lieben ihren gut 5000 Hektar großen Waldpark mit seinen riesigen, jahrhundertealten Bäumen. In unmittelbarer Nähe der Großstadt leben hier Wildschweine und Füchse. Im Belgrader Wald verbringen die Städter heiße Sommertage – sie joggen, gehen spazieren, picknicken und trinken – natürlich – Tee. Schon die Römer und Byzantiner kamen in den Wald, um hier Wasserquellen anzuzapfen. Seinen Namen bekam er unter Sultan Süleyman, der nach der Eroberung Belgrads 1521 serbische Ingenieure und Handwerker hierher bringen ließ, die die Wasserzufuhr Konstantinopels sicherstellen sollten. Sie legten Staudämme, so genannte *bents* an, von denen heute noch sieben erhalten sind. Der Belgrader Wald dient dank eines Stausees noch immer als Wasserspeicher der Stadt.

Pool im Bosporus

Die Jeunesse dorée lässt sich treiben – auf einem Ponton im Wasser zwischen Europa und Asien

Hier trifft sich die gut betuchte Jugend der Stadt, man trinkt, redet, feiert und sonnt sich auf einem schwimmenden Ponton zwischen zwei Kontinenten. Der stylishe Suada Club mit Bars und Restaurants gehört zum berühmten Sportclub Galatasaray. Hier lässt es sich bequem einen halben Tag aushalten: Der Pool bietet sogar olympische Maße, auf der Sonnenterrasse liegt man unter Baldachinen. Nachts wird getanzt. ■

1 Auf die Prinzeninseln fahren mehrmals täglich Fähren ab Kabataş
2 Ans Schwarze Meer nach Kilyos mit dem Bus 40 ab Taksim bis Sarıyer, weiter mit dem Minibus (*dolmuş*)
3 In den Belgrader Wald mit dem Bus 42 T ab Taksim bis Bahçeköy
4 Pool im Bosporus mit Clubbooten ab Kuruçeşme Park, Tel. 0212 2637300, www.suada.com.tr

AUTOREN UND FOTOGRAFEN

MARION BECKHÄUSER, Fotografin, war drei Wochen in Istanbul. Und viel am Wasser – dort, wo die Menschen in dieser Megacity zur Ruhe kommen. Am besten beim Angeln.

WALTER SCHMITZ, Fotograf, musste viel laufen in der Stadt auf sieben Hügeln – Istanbul muss man erwandern. Seine verdiente Pause machte er (mit Fotoapparat) im Hamam.

LAURA SALM-REIFFENSTEIN ist Basar-Freak: Die Autorin hat ein Buch über Istanbuls bunte Warenwelt geschrieben (s. S. 137). Und macht Führungen für Basar-Einsteiger.

MERIAN kompass recherchierten und schrieben: Dilek Zaptçıoğlu, Julia Braune, Jonas Morgenthaler und Peter Münch

BILDNACHWEIS

Titel: Walter Schmitz; S.3 Michael Müller; S.4/5, 4 m, 5 u Marion Beckhäuser, 4 u, 5 m W. Schmitz; S.6 M. Beckhäuser (3), S.8 lo Murat Giray Kaya/iStockphoto, ro Özer Kürklü/Generalkonsulat der Bundesrepublik Deutschland in Istanbul, lu, ru M. Beckhäuser; S.10-22 W. Schmitz; S.29 M. Beckhäuser; S.30-35 M. Beckhäuser; S.36 Istanbul University Yenikapi Shipwrecks Project Archive, S.37 Simon Norfolk/NB Pictures/Agentur Focus; S.38-47 M. Beckhäuser; S.48-54 M. Beckhäuser; S.56-57 M. Beckhäuser; S.58 Sedat Mehder/action press, S.60 o, 61 Agata Skowronek, S.60 u Solvi Dos Santos/Wohnideen 1001 Nacht/Christian Verlag; S.64-72 W. Schmitz; S.74 histopics/ullstein bild, S.75 W. Schmitz, S.76 m Selberg Architects, u Terje S. Johansen/Studio S, S.77 RMN/Institut de France/René-Gabriel Ojéda/BPK; S.78-84 M. Beckhäuser; S.86, 89 r, 90 M. Beckhäuser, S.89 l W. Schmitz; S. 92-94 M. Beckhäuser; S. 96-103 W. Schmitz; S. 106-112 l W. Schmitz, S. 112 r M. Beckhäuser; S. 114m, 115, 116, 118, 119 W. Schmitz, S. 114 o, u, 121, 126, 130, 134, 135/136 M. Beckhäuser, S. 123 W. Schmitz/VG Bild-Kunst 2009, S. 124 Murat Türemis; S. 138 l, rm Philip Koschel, ro Aroon Thaewchatturat

IMPRESSUM

Heft 1/2010, Januar, Erstverkaufstag dieser Ausgabe ist der 17.12.2009
MERIAN erscheint monatlich im Jahreszeiten Verlag GmbH, Poßmoorweg 2, 22301 Hamburg
Tel. 040 2717-0 **Anschrift der Redaktion** Postfach 601728, 22217 Hamburg
Tel. 040 2717-2600, Fax 040 2717-2628, E-Mail: redaktion@merian.de
Leser- und Aboservice Postfach 601220, 22212 Hamburg
Tel. 040 87973540, Fax 040 2717-2079 **Syndication** www.jalag-syndication.de
GourmetPictureGuide Stefanie Lüken, Tel. 040 2717-2002
Fax 040 2717-2089, www.gourmetpictureguide.de **Internet** www.merian.de

Herausgeber Manfred Bissinger
Chefredakteur Andreas Hallaschka
Stellvertretender Chefredakteur Hansjörg Falz
Art Directorin Sabine Lehmann **Chef vom Dienst** Tibor M. Ridegh
Textchefin Kathrin Sander **Redakteure** Charlotte von Saurma; Roland Benn, Thorsten Kolle, Jonas Morgenthaler (freie Mitarbeit) **Schlussredaktion** Tibor M. Ridegh
Layout Dorothee Schweizer (stellv. Art Directorin), Helga Damm (freie Mitarbeit), Ingrid Koltermann (Schlussgrafik) **Bildredaktion** Katharina Oesten, Eva M. Ohms
Redakteurin dieses Heftes Charlotte von Saurma **Bildredakteurin dieses Heftes** Katharina Oesten
Kartographie Peter Münch **Dokumentation** Jasmin Wolf, Sebastian Schulin (freie Mitarbeit)
Mitarbeit Helmut Golinğer, Julia Braune, Dilek Zaptçıoğlu
Herstellung Karin Harder **Redaktionsassistenz** Sabine Birnbach, Katrin Eggers, Beate Röhl (freie Mitarbeit)
Geschäftsführung Joachim Herbst, Dr. Jan Pierre Klage, Peter Rensmann, Hermann Schmidt
Verlagsleitung Premium Magazine Oliver Voß
Group Head Anzeigen Premium Magazine Roberto Sprengel
Anzeigenleitung Sabine Rethmeier **Anzeigenstruktur** Patricia Hoffnauer
Marketing Kenny Machaczek, Justus Hertle, Sonja Wünkhaus
Vertrieb PSG Premium Sales Germany GmbH, Poßmoorweg 2-6, 22301 Hamburg
Vertriebsleitung Jörg-Michael Westerkamp (Zeitschriftenhandel), Joachim Rau (Buchhandel)
Verantwortlich für den redaktionellen Inhalt Andreas Hallaschka
Verantwortlich für Anzeigen Roberto Sprengel

Verlagsbüros Inland
Hamburg: Tel. 040 2717-2595, Fax 040 2717-2520, E-Mail: vb-hamburg@jalag.de
Hannover/Berlin: Tel. 0511 856142-0, Fax 0511 856142-19, E-Mail: vb-hannover@jalag.de
Düsseldorf: Tel. 0211 90190-0, Fax 0211 90190-19, E-Mail: vb-duesseldorf@jalag.de
Frankfurt: Tel. 069 970611-0, Fax 069 970611-44, E-Mail: vb-frankfurt@jalag.de
Stuttgart: Tel. 0711 96666-520, Fax 0711 96666-22, E-Mail: vb-stuttgart@jalag.de
München: Tel. 089 997389-30, Fax 089 997389-44, E-Mail: vb-muenchen@jalag.de

Repräsentanzen Ausland
Belgien/Frankreich Adnative sarl, Tel. +33 1 53648890 91, Fax +33 1 45002581
E-mail: paris@adnative.net <mailto:imc@international.fr> **Grossbritannien** Publicitas Ltd, Tel. +44 20 75928300, Fax 7592 8301, E-Mail: jeremy.butchers@publicitas.com
Österreich Publimedia Internationale Verlagsvertretungen GmbH, Tel. +43 1 2115342, Fax 212 16 02, E-Mail: andrea.kuefstein@publicitas.com **Schweiz** Publicitas International AG, Tel. +41 61 275 46-09, Fax 2754730, E-Mail: basel-international-magazines@publicitas.com
Italien Media & Service International Srl, Tel. +39 02 48006193, Fax +3902 48193274, E-Mail: info@it-mediaservice.com **Spanien** Alcalá Media International Media Representations, Tel. +34 91 3269106, Fax +34 91 3269107, E-Mail: m.vandereb@alcalamedia.com
Dänemark über Verlagsbüro Hamburg **Niederlande** über Verlagsbüro Düsseldorf
Luxemburg über Verlagsbüro Frankfurt

Die Premium Magazin Gruppe im Jahreszeiten Verlag

Gültige Anzeigenpreisliste: Nr. 1
Das vorliegende Heft Januar 2010 ist die 1. Nummer des 63. Jahrgangs.

Preis im Abonnement im Inland monatlich 6,79 € inklusive Zustellung frei Haus.
Der Bezugspreis enthält 7% Mehrwertsteuer.
Auslandspreise auf Nachfrage. Postgirokonto Hamburg 132 58 42 01 (BLZ 200 100 20)
Commerzbank AG, Hamburg, Konto-Nr. 611657800 (BLZ 200 400 00)
Führen in Lesemappen nur mit Genehmigung des Verlages. Printed in Germany

Weitere Titel im Jahreszeitenverlag
Für Sie, petra, vital, PRINZ, Architektur & Wohnen, COUNTRY, DER FEINSCHMECKER, WEINGourmet, schöner reisen, Zuhause Wohnen, selber machen
Litho Alphabeta Druckformdienst GmbH, Hamburg.
Druck und Verarbeitung heckel GmbH, Nürnberg,
ISBN: 978-3-8342-0673-2, ISSN 0026-0029 MERIAN (USPS No. 011-458) is published monthly.
The subscription price for the USA is $ 110 per annum.
K.O.P.: German Language Publications, Inc., 153 South Dean Street, Englewood NJ 07631.
Periodicals postage is paid at Englewood NJ 07631, and at additional mailing offices.
Postmaster: send address changes to:
MERIAN, German Language Publications, Inc. 153 South Dean Street, Englewood NJ 07631.

Ein Unternehmen der
GANSKE VERLAGSGRUPPE

MERIAN kompass

AUSGEWÄHLTE TIPPS UND ADRESSEN

WAS TUN IN ISTANBUL?

Blick vom Galata-Turm über den Bosporus auf die asiatische Seite: Nachts erstrahlt die Stadt. Selbst die tagsüber verstopfte Bosporus-Brücke wird dann zum Artefakt

MERIAN | DAS BESTE ZUERST

Sinans größtes Stück

Die Süleymaniye-Moschee gilt als architektonischer Höhepunkt im Goldenen Zeitalter der Osmanen

Wir schreiben das Jahr 1550. In Rom entsteht gerade der Petersdom, seit vier Jahren unter der Oberaufsicht Michelangelos. In Istanbul beginnt man mit dem Bau einer Moschee. Süleyman der Prächtige, Herrscher über das nahezu größte Reich der osmanischen Geschichte, hat seinen Hofarchitekten Sinan mit der Ausführung betraut. Wie sein Kollege in Rom will Sinan einen zentralen Raum schaffen, den eine Kuppel beherrscht wie das Himmelsgewölbe die Erde. Das Vorbild steht in Sichtweite und ist schon damals mehr als tausend Jahre alt: die Hagia Sophia. Doch der Baumeister will zeigen, dass er »mehr kann als die Griechen«, wie er später schreibt. Er kann mehr.

Nach nur sieben Jahren (in Rom dauert der Bau noch Jahrzehnte) ist die Süleymaniye-Moschee 1557 vollendet. Sinans größte Leistungen sind die Innovationen in die Architektur der Kuppel: Sie erreicht zwar nicht ganz die Höhe des Vorbilds, doch scheint sie schwerelos über einem Raum zu schweben, der durch mehr als 200 Fenster vom Licht durchflutet wird. Das lässt ihn wesentlich größer erscheinen als die düstere Halle der Hagia Sophia.

Die Süleymaniye-Moschee: gebaut als religiöser Komplex

Durch ihre Hügellage prägt die Moschee seit einem halben Jahrtausend und bis heute die Silhouette Istanbuls. Sie ist erhaben – auch über die Touristenströme, die sich über die Sehenswürdigkeiten der unteren Altstadt ergießen. Hier oben ist es beschaulicher, der Harmonie des Gotteshauses angemessen. Sein Schöpfer Sinan, der zwischen 1528 und 1588, als er fast 91-jährig starb, 477 Bauwerke errichtet hatte, darunter mehr als 100 Moscheen, nannte die Süleymaniye-Moschee sein »Gesellenstück«. Sinans Grabmal steht am Rand des Geländes. **(B 5/6)**

Ägyptischer Basar (Mısır Çarşısı)

(C 5) Ursprünglich waren die überdachten Märkte des Orients in große Moscheenkomplexe (külliye) integriert. Die Moschee diente nämlich nicht nur als Stätte des Gebets, sondern auch als Versammlungsort, Herberge, Armenküche, Schule und Treffpunkt der An- und Verkäufer. Zur Neuen Moschee gehörte der Ägyptische (mısır) Basar, der Hauptumschlagplatz für Gewürze vornehmlich ägyptischer Herkunft. Händler kombinierten die Gewürze zu Heilmischungen und erwarben sich damit hohes Ansehen. Der Handel mit Gewürzen, u.a. mit dem (unechten) Safran (Curcuma) und allerlei Teesorten und auch sehr gutem Kaffee, ist heute nur noch einer von vielen Schwerpunkten. Es gibt auch Textilien, Elektroartikel und Ramsch. Die der Moschee zugewandte Seite des Basars nimmt der größte Blumenmarkt der Stadt ein, durch das hintere Tor gelangt man zur Tahtakale Caddesi, an der Gebrauchsgegenstände aus Holz angeboten werden. Mehr zu den Basaren finden Sie ab S. 48.

Arabische Moschee

(C 4) Im Jahr 1233 bauten Dominikaner neben der genuesischen Kirche San Paolo ein Kloster und übernahmen die Kirche. Aus San Paolo wurde San Domenico und, nach der Eroberung Istanbuls durch die Osmanen, eine Moschee mit einem Glockenturmminarett. Da sich in der Umgebung viele Araber ansiedelten, kam der einzige gotische Kirchenbau der Stadt zu seinem heutigen Namen.

Beylerbeyi

(D/E 11) Am asiatischen Ende der ersten Bosporusbrücke liegt der Stadtteil mit dem Namen »Herr der Herren«. Dieser Titel bezieht sich auf den Hohen Gouverneur Mehmet Paşa, der im 16. Jh. hier eine Villa bewohnte. Später taten es ihm die Sultane gleich: Mahmut II. (1808-39) ließ sich hier einen Sommersitz errichten, unter Abdülaziz (1861-76) entstand der Beylerbeyi-Palast. Heute beherbergt der stattliche Bau ein Museum, das vor allem wegen der prunkvollen Inneneinrichtung einen Besuch lohnt. Ebenfalls direkt am Bosporus steht die Beylerbeyi-Moschee (1778).

Blaue Moschee (Sultanahmet Cami)

(D 7) Ahmet I. gab den Prachtbau in Auftrag, den Hofarchitekt Tahir Ağa zwischen 1609 und 1616 ausführte. Weit sichtbar sind die sechs Minarette der Moschee – eine bemerkenswert hohe Zahl, denn so viele Türme waren bis dahin nur der Prophetenmoschee in Mekka erlaubt gewesen. Touristen betreten die Anlage durch ein Tor auf der Seite des Hippodroms. 26 Granitsäulen mit Stalaktitkapitellen und 30 Kuppeln umgeben den Vorhof mit seinen Brunnen. Die Haupthalle ist mit vielen tausenden blauer Fliesen aus İznik geschmückt, der die Moschee ihren (nur im Westen gebräuchlichen) Namen verdankt. Die auf gewaltigen Stützpfeilern ruhende große Kuppel hat einen Durchmesser von 23,5 Metern. Besondere Beachtung verdienen auch die Perlmuttintarsien in den Fensterflügeln beiderseits der Gebetsnische.
In den Mausoleen neben der Medrese (Schule) in Richtung Hagia Sophia befinden sich die Gräber des Bauherrn Ahmet I. sowie die der Sultane Murat IV. und Mustafa II.

Chora-Kirche (Kariye Müzesi)

(C 11) Die dreischiffige Basilika ist Teil einer nicht mehr erhaltenen Klosteranlage aus dem 6. Jh. In byzantinischer Zeit lag die Kirche auf freiem Feld (griech. *chora* = »Land«). Beim Ausbau (1316-21) unter dem Kanzler und Gelehrten Theodoros Metochites erhielt sie ihren reichen Mosaikenschmuck, der in den 1950er Jahren wiederentdeckt und restauriert wurde. Seit 1958 ist die frühere Kirche und zwischenzeitliche Moschee ein Museum. Betritt man das Gotteshaus durch den Haupteingang, schaut man gleich auf das berühmteste Mosaik, das Jesus als Christus Pantokrator (Weltenherrscher) zeigt.
70 Mosaiken und 23 Fresken schmücken die alte Kirche. Die Zyklen geben einen Einblick in die Christus- und Marienverehrung der orthodoxen Kirche und lassen erahnen, mit welchem Prunk das reiche Konstantinopel seine Sakralbauten ausstattete.

Derwischkloster

(D 3) Das Kloster in Galata gehört der von dem anatolischen Mystiker Rumi (1207-73) gegründeten Mevlevi-Sekte, die als Orden der »drehenden Derwische« bekannt ist. Der ist zwar seit Gründung der Republik verboten, doch als »Kulturveranstaltung« finden die rituellen Tänze statt, vorgeführt von Männern in weißen Mänteln und mit hohen Filzhüten. Die Einnahmen aus den Darbietungen für Touristen dienen der Finanzierung der Tanzkunst. Das Kloster ist Museum. Mit Garten, kleinem Friedhof und dem Brunnen aus dem 17. Jh. ist es eine Oase mitten im lauten Galata-Viertel. Die Tanzvorstellungen dauern gut eine Stunde. Wie die Derwische das schaffen, fanden jüngst Wissenschaftler heraus: Sie neigen den Kopf bei ihrem permanenten Drehen in einem ganz bestimmten Winkel, so dass kein Schwindelgefühl aufkommen kann.

Gotteserfahrung: ekstatisch-mystischer Tanz der Derwische

Dolmabahçe

(G 1/2) Der gewaltige Sultanspalast am Bosporus wurde 1843-56 errichtet. Abdülmecid I. wollte eine repräsentative Anlage, die europäischen Königsschlössern in nichts nachstand – koste es, was es wolle. Die gesamte Einrichtung wurde, bis auf die Teppiche, aus Europa geliefert: Vasen aus Sèvres, Seidenvorhänge aus Lyon, Kerzenständer aus England, venezianisches Glasgeschirr, böhmische Kristallleuchter. Und doch entsprach der Palast den Bedürfnissen eines osmanischen Sultans: Wie im Topkapı gibt es Gemächer für die Haremsdamen, die Eunuchen und mehrere Hamams. Nach dem Ende des Osmanischen Reichs diente der Palast als Istanbuler Residenz des türkischen Präsidenten. Am 10. November 1938 starb hier Mustafa Kemal Atatürk – sein Sterbezimmer ist fester Bestandteil einer Besichtigung. Die Dolmabahçe-Moschee, in unmittelbarer Nähe, gab die Sultansmutter in Auftrag, 1890-94 folgte der viergeschossige, fast 30 Meter hohe Uhrenturm, den man über eine Wendeltreppe erklimmen kann.

Galata-Turm

(D 4) Galatas weithin sichtbares, 67 Meter hohes Wahrzeichen wurde 1348 von den Genuesen als Teil ihrer Stadtmauer errichtet. Erdbeben und Brände zogen den Bau immer wieder in Mitleidenschaft. Er war u. a. Wohnquartier für Seeleute und Zwangsarbeiter, Sternwarte und Feuerwache. 1638 diente er Hezarfen Çelebi als Startrampe: Der Luftfahrtpionier schnallte sich selbst gebastelte Flügel um und schwebte von der Spitze über den Bosporus nach Üsküdar. Heute gibt es im Turm ein Café und einen Nightclub – einer der wenigen, die Touristen mit teuren Bauchtanz-Darbietungen beglücken. Die Aussicht von der Galerie (es gibt einen Fahrstuhl!) ist phänomenal.

Großer Basar (Kapalı Çarşı)

(C 6/7) siehe Seite 48

Haydarpaşa-Bahnhof

(D 11) Der Kopfbahnhof wurde 1906-08 für die von der Deutschen Bank kontrollierte Anatolische Eisenbahngesellschaft gebaut; er sollte der Ausgangspunkt für eine expansive deutsche Orient-Politik werden. Die Firma Philipp Holzmann errichtete die Station auf 1100 Pfählen von jeweils 21 Metern Länge. Heute ist Haydarpaşa Kopfbahnhof der Vorortzüge. Viele, die auf der europäischen Seite arbeiten, kommen mit der Fähre direkt am Bahnhof an und fahren mit der S-Bahn nach Hause. Der Tunnel unter dem Bosporus (s. S. 36) wird demnächst den Bahnhof überflüssig machen. Die Stadt möchte das Gebäude mit den Türmchen und der prächtigen Halle verkaufen und in ein Nobel-Hotel umwandeln lassen, eine Bürgerinitiative kämpft für öffentliche Nutzung.

Hippodrom

(D 7) Über 450 mal 117 Meter erstreckte sich zur byzantinischen Zeit die Arena der Wagenrennen. Auch die Osmanen nutzten das Areal für Sportveranstaltungen und Versammlungen. Mit zunehmender Bebauung schrumpfte der heute At Meydan genannte Platz erheblich. Zu sehen sind inzwischen auf dem erstaunlich klein wirkenden Areal nur noch der Ägyptische Obelisk (aus Karnak, ursprüngl. 15. Jh. v. Chr.), die Schlangensäule (aus Delphi, ursprüngl. 5. Jh. v.Chr.) sowie der Gemauerte Obelisk (4. Jh. n.Chr.). Verglichen mit diesen Altertümern ist der von Wilhelm II. 1898 gestiftete Deutsche Brunnen im Norden der Anlage hochmodern.

İstiklal Caddesi

(D 3-E 2) siehe Seite 38

Kleine Hagia Sophia (Küçük Ayasofya Cami)

(C 8) Um 530 wurde die heutige Moschee als Kirche der

Orientierunghilfe: der Galata-Turm im gleichnamigen Viertel

MERIAN | IM DETAIL

Hagia Sophia

(D/E 7) Ursprünglich von Konstantin dem Großen in Auftrag gegeben, wurde 360 die erste »Kirche der göttlichen Weisheit« von Konstantin II. eingeweiht. Unter Justinian entstand 532-37 der heutige Bau. **Seitdem war und blieb das größte Problem der Hagia Sophia die ungeheure Last der fast 56 Meter hohen Kuppel:** Erdbeben führten immer wieder zu ihrem Einsturz – Mitte des 6. Jhs. hob man sie an, stützte sie. Nach der Eroberung Konstantinopels machte man die Kirche zur Moschee, 1935 zum Museum. In dieser Zeit begann man auch die berühmten, im 18. Jh. unter Putz gelegten, goldenen Mosaiken wieder freizulegen. Dass die Hagia Sophia, eine der größten Kirchen der Welt, häufig als Achtes Weltwunder bezeichnet wird, liegt auch an ihrem Inneren. Das Kaiserportal (zum Hauptschiff) soll aus den Hölzern der Arche Noah erbaut sein. Darüber thront Jesus mit einem Buch in seiner Linken, auf dem geschrieben steht: »Friede sei mit Euch. Ich bin das Licht der Welt«. Besonders auffällig im Hauptschiff die arabisch beschrifteten Rundschilde. Die Gebetsnische *(mihrab)* in der Apsis wird flankiert von der Kanzel *(minbar)* und der Sultansloge. Neben der Gebetsnische befinden sich die Plätze aus Marmor, wo die Gläubigen knieend im Koran lasen, daneben der Krönungsplatz der Kaiser. Im südlichen Seitenschiff liegt die Bibliothek Mahmuts I. (1739), direkt gegenüber der Vorbetertribüne. Die acht Verde-antico-Säulen aus grünem Marmor sollen vom Artemis-Tempel in Ephesos stammen, der zu den Sieben Weltwundern zählte. **Sehr schön sind die Mosaiken auf der Empore, u.a. das berühmte Deesis-Mosaik, das Jesus als Allherrscher über das Universum zeigt**. Die Kuppel, einst mit goldfarbenen Steinchen bedeckt, schmücken heute Koranverse.

Eines der wenigen Mosaiken: Heilige Madonna (9. Jh.), Apsis

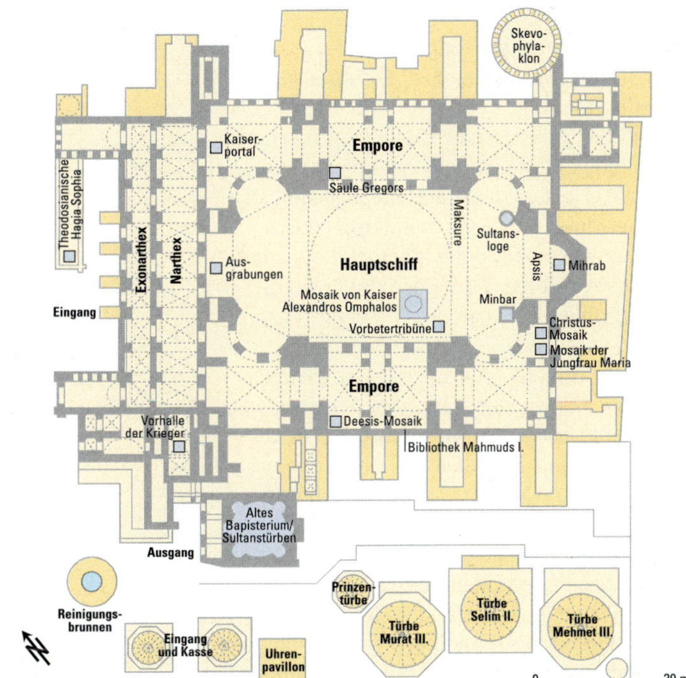

© MERIAN-Kartographie

Heiligen Sergius und Bacchus errichtet. Ihr Grundriss ähnelt der (kurze Zeit später gebauten) »großen« Hagia Sophia. Sie ist gen Jerusalem ausgerichtet, während die im 16. Jh. hinzugefügte Gebetsnische nach Mekka zeigt. Einige Reliefs aus dem 6. Jh. sind erhalten geblieben. Um den Hof, in dem Konzerte stattfinden, gruppieren sich die Räume der alten Medrese. Hier haben heute Kunsthandwerker Ateliers eingerichtet.

Konstantinsäule (Çemberlitaş)

(C 7) Im Jahr 330 wurde die Säule auf dem damaligen konstantinischen Forum aufgestellt, seinerzeit mit einer Statue Konstantins. Um das Jahr 1100 stürzte das Standbild ab, auch die oberen Segmente der Säule brachen. Die restlichen immerhin noch 35 Meter verstärkte man später mit Eisenringen (»Çember«).

Leander-Turm (Kız Kulesi)

(D 11) Der Turm vor der Küste von Üsküdar ist mit gleich zwei Sagen verbunden. Der im Westen gebräuchliche Name geht auf die antike Tragödie um das Liebespaar Hero und Leander zurück. Und dann die Sage von der Sultanstochter, die, um einem prophezeihten Schlangenbiss zu entgehen, auf der Insel lebte – und trotzdem von dem Reptil getötet wurde: Daher rührt die türkische Bezeichnung »Mädchenturm«. Ein Turm stand schon in vorchristlicher Zeit an dieser strategisch wichtigen Stelle in der Einfahrt des Bosporus. Der heutige Bau stammt aus dem 18. Jh. Er diente als Beobachtungs- und Leuchtturm, Zoll-, Quarantäne- und Radiostation, Gefängnis, Lager, heute als Restaurant. Die grandiose Aussicht von der Galerie lohnt die kurze Überfahrt.

Rumeli-Festung (Rumeli Hisarı)

(D/E 10) Mehmet II. ließ die Burg 1451/52 bauen, wenige Monate vor der Eroberung Istanbuls. Hier, an seiner schmalsten Stelle (660 Meter), konnte man den Bosporus am besten kontrollieren – und mehr als 500 Jahre später überbrücken. Heute dient die imposante Anlage als Museum und stimmungsvolle Kulisse für Konzerte.

Rüstem-Pascha-Moschee

(C 5) 1561 am Goldenen Horn errichtet. Die Pläne

MERIAN | IM DETAIL

Topkapı-Palast

(E 6/7) Wenn sie nicht gerade von Besuchermassen überschwemmt ist, beeindruckt die niedrig gebaute, über Jahrhunderte immer wieder erweiterte und veränderte Anlage durch ihre ruhige, fast bescheidene Atmosphäre. **Das 70 Hektar große Palastareal gliedert sich in vier Höfe.** Den ersten betritt man durch ein Tor von 1478, unter Mehmet II. errichtet. Das zweite Tor, das der Begrüßung, wurde 1524 unter Süleyman dem Prächtigen geschmiedet. Der zweite Hof ist von einem überdachten Rundlauf umgeben, große Platanen und Weiden spenden Schatten. Rechts geht es zu den Palastküchen, wo heute eine Porzellansammlung ausgestellt ist, die zu den besten Kollektionen weltweit zählt. Auf der linken Seite steht der so genannte Gerechtigkeitsturm, dahinter erstreckt sich der Harem, das Herzstück des Palasts. Mehr dazu siehe Seite 70. In den dritten Hof gelangt man durch das Tor der Glückseligkeit. Dahinter liegt der Audienzsaal mit breitem Vordach, schönen Marmorsäulen und der Thron Mehmets III. **In den Räumen um den dritten Hof werden die besten Stücke des Topkapı ausgestellt, darunter der berühmte Löfflerdiamant und Topkapı-Dolch.** Mitten im Hof steht die Bibliothek Ahmets III. – der Bau mit den schönen Holzarbeiten ist leider nicht immer zugänglich.Der vierte Hof ist ein terrassierter Garten mit kleineren Bauten. Hier ließ Ahmet III. einen Tulpengarten anlegen, der jedes Jahr im Mai neu erblüht. Zwei Pavillons stammen aus dem 17. Jh., das Sofa-Schlösschen aus dem 18. Jh. Von der Aussichtsterrasse hat man einen herrlichen Blick auf die Stadt.

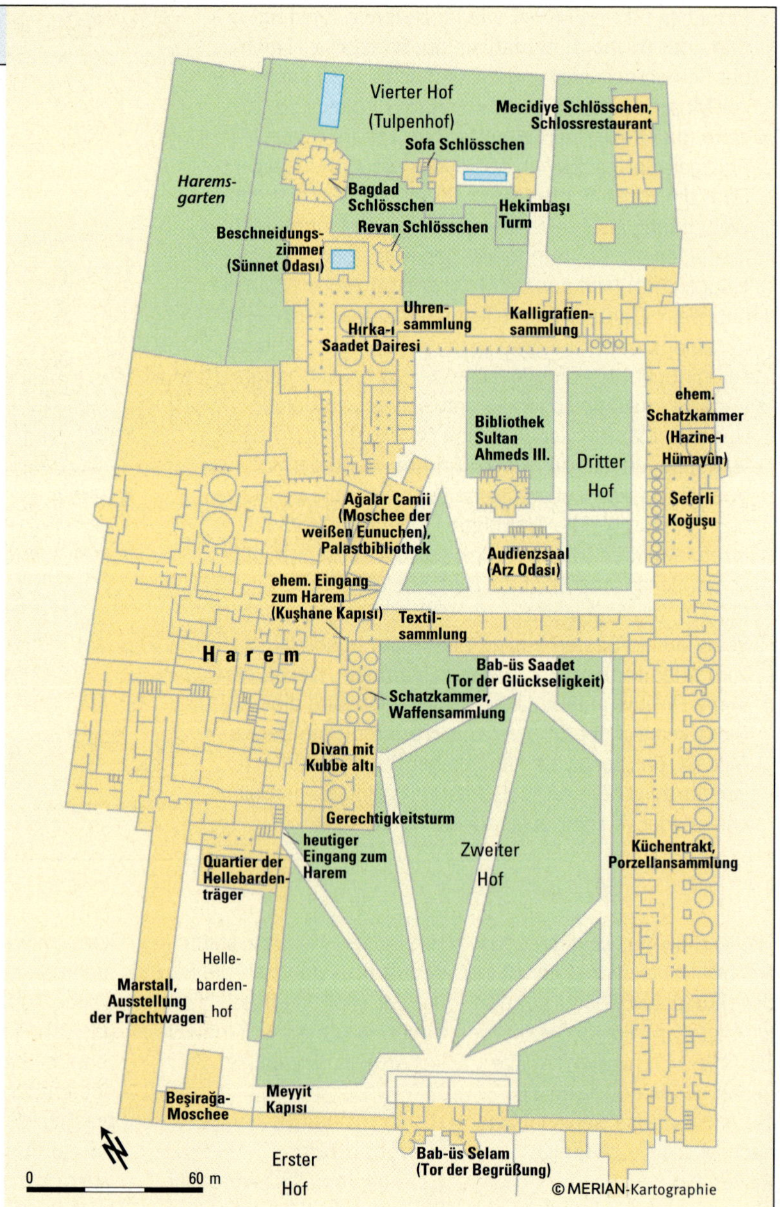

stammen vom Meisterarchitekten Sinan. Überreiche Auskleidung mit İznik-Fayencen. Neben Blau dominieren auch Grün und Rot auf den Fliesen, die in 9er- und 12er-Gruppen wunderschöne Wandbilder formen.

Süleymaniye-Moschee

(B 5/6) siehe Seite 116

Yıldız-Park

(D 11) Der 160 Hektar große »Sternenpark« zwischen Beşiktaş und Ortaköy ist ein einstiger Sultansgarten an den Hängen des Bosporus. Der Haupteingang liegt gegenüber dem Çırağan-Palast, oben grenzt er an den Yıldız Serail, in den sich Sultan Abdülhamit II. (1876-1909) zurückzog. Den einst privilegierten Ausblick kann heute jedermann genießen.

Zisternen

(D 7) Römisches Know-how fand auch in Byzanz Anwendung, über Aquädukte floss das Wasser aus dem Norden in die Stadt. Dort hatte man Reservoirs in die Erde gehöhlt, das größte nannten die Osmanen Yerebatan, »die Versunkene«. Der seit den 1990er Jahren zu besichtigende Raum misst 140 mal 70 Meter und hat 336 Säulen: Er ist in farbiges Licht getaucht, Fische schwimmen im knietiefen Wasser, über das die Besucher auf hölzernen Stegen gehen. Dank der einmaligen Akustik sind dort Klassik- und Jazzkonzerte ein Genuss. Auch die südwestlich gelegene Zisterne, Binbirdirek, kann besichtigt werden.

MERIAN | MAUSKLICK

Vollständiger Stadtplan: http://sehirrehberi.ibb.gov.tr
Wörterbuch mit Sonderzeichen: www.mydictionary.de
Beste Seite über Alles und Nichts in Istanbul: www.mymerhaba.com/de
Virtueller Rundgang durch das Byzanz des Jahres 1200: www.arkeo3d.com/byzantium1200

MERIAN | MEISTERSTÜCK

Kraftwerk der Kunst

Megagalerie, Industriemuseum, Privatuniversität, Restaurant, Bibliothek, Museumsshop: Das Santral Istanbul präsentiert zeitgenössische Kultur in einem alten Elektrizitätswerk.

Kunst im Dialog mit moderner und industrieller Architektur

Alte Industriebauten zu Kunsträumen umzubauen, ist auch in Istanbul trendy. Das Santral (»Zentrum«) ist Istanbuls bestes und neuestes Beispiel. Die private Bilgi-Universität gestaltete das ehemalige Silahtarağa-Elektrizitätswerk am oberen Ende des Goldenen Horns um – es war das erste städtische Kraftwerk des Osmanischen Reiches und versorgte von 1914 bis Anfang der achtziger Jahre die Stadt mit Strom.

Das im Jahre 2007 eröffnete Santral ist weit mehr als umgewidmeter Raum. Es versteht sich sowohl als Kunsthaus mit interessanten Wechselausstellungen wie auch als Bildungscampus. Viele Fotoschauen befassen sich mit aktuellen gesellschaftlichen Fragen. Dazu gibt es interessante Vorträge von Wissenschaftlern und lebhafte Diskussionsrunden.

Der reizvolle Kontrast liegt darin, dass das ehemalige Industrieareal seine Vergangenheit offen zur Schau stellt. Ein Ticket für die wechselnden Ausstellungen erlaubt auch den Eintritt in das integrierte Energiemuseum. Dort stehen immer noch die riesigen Turbinen und Generatoren des alten Elektrizitätswerks und begeistern mit ihrer inzwischen rostigen Industrie-Ästhetik. In den so genannten »Spielzonen« können physikalische Phänomene erlebt werden. Der gesamte Komplex – außerhalb des historischen Stadtzentrums in Eyüp gelegen – ist aber auch für Architektur-Begeisterte sehenswert.

Zwischen dem Atatürk-Kulturzentrum (AKM) am Taksim-Platz und dem Santral Istanbul verkehren jeden Tag zwischen 8 und 21 Uhr Shuttle-Busse kostenlos.

(C/D 11) Santral Istanbul
(Eski Silahtarağa Elektrik Santralı)
Tel. 0212 3117809
www.santralistanbul.org

MUSEEN

Archäologisches Museum (Arkeoloji Müzesi)

(E 6) Ein Höhepunkt für alle Antike-Fans! Das Museum zählt zu den größten seiner Art und hat selbst Geschichte gemacht: Seit 1891 ist die Sammlung, die sich heute über mehrere Gebäude erstreckt, öffentlich zugänglich. Zu den herausragenden Exponaten gehören der Alexander-Sarkophag und der der Klageweiber aus dem späten 4. Jh. v. Chr. Römische und griechische Statuen sind in großer Zahl ausgestellt, ebenso Hunderttausende von Münzen. In der Abteilung für altorientalische Kunst wird der auf eine Tontafel in Keilschrift gemeißelte Vertrag von Kadesch aufbewahrt, der als der älteste schriftliche Friedensschluss der Welt gilt: Er wurde im 13. Jh. v. Chr. zwischen Ägypten und dem Hethitischen Reich geschlossen. Die Fayencen-Abteilung mit Kacheln und Keramiken befindet sich in einem osmanischen Pavillon aus dem 15. Jh.
www.kultur.gov.tr/de

Istanbul Modern

(E 4) Lange hat Istanbul ein Museum für moderne Kunst gefehlt. Anstelle des Staates engagierte sich die Industriellenfamilie Eczacıbaşı. Sie erhielt von der Kommune einen Teil der alten Lagerhallen im Hafen von Karaköy und baute diese zu einem ansehnlichen Museum um. Seit 2004 bietet es einen Einblick in die moderne wie zeitgenössische Kunst der Türkei: Da dieser Kunstbereich eine nur kurze Geschichte hat, sollten die Erwartungen an die Sammlung nicht zu hoch sein. Die wechselnden Ausstellungen jedoch sind gut kuratiert und populär. Museumsshop und Café mit Bosporus-Blick.
www.istanbulmodern.org

Marinemuseum (Deniz Müzesi)

(G 1) Bemerkenswert ist das Modell eines deutschen

Panzerkreuzers, der unter türkischem Kommando 1914 im Schwarzen Meer die russische Küste bombardierte. Es gibt auch Exponate der zivilen Schifffahrt, beeindruckende originale oder nachgebaute Sultansbarken und Galeeren. Schön sind die alten Flaggen, interessant Logbücher und Karten.
www.denizmuzeleri.tsk.tr/en/idmk

Mosaik-Museum (Büyük Saray Mozaikleri Müzesi)

(D 8) Erst im 20. Jh. wurden die aus dem 6. Jh. stammenden Ruinen des Großen Palasts von Konstantinopel wiederentdeckt. Ausgerechnet durch das byzantinische Bilderverbot blieben einige der Mosaiken erhalten. Im 8. und 9. Jh. wurden sie mit schweren Marmorplatten abgedeckt. Nach aufwendiger Restaurierung lässt sich die Pracht des Palastes anhand der Mosaikfragmente zumindest erahnen. Fast 2000 Quadratmeter Fläche sollen mit Mosaiken verziert gewesen sein.

Pera-Museum

(D 3) Die neoklassische Fassade des 1893 errichteten Gebäudes verbirgt ein modernes, privates Kunstmuseum, hinter dem wie so oft eine Industriellenfamilie steht. Die Gemäldesammlung des Stifter-Ehepaars gibt einen Einblick in die Malerei der Türkei. Wechselnde Ausstellungen und eine über Holzarchitektur.
www.peramuzesi.org.tr

Sakıp Sabancı Müzesi

(D/E 10) Die lange Anreise lohnt: Es ist eines der besten Privatmuseen Istanbuls.

Joseph Beuys zu Gast im Sakıp Sabancı Museum

Man kann nicht nur die Stadtvilla des Industriellen Sakıp Sabancı am Bosporus bewundern, sondern auch eine Kalligrafie- und Kunstsammlung. In einem modernen Erweiterungsbau finden regelmäßig Wechselausstellungen statt – z. B. zu Joseph Beuys, Pablo Picasso oder über Dschingis Khan. Durch gute Kontakte zu renommierten Museen kommen hier Exponate aus der ganzen Welt zusammen. Schönes Terrassen-Restaurant mit Fusion-Küche.
http://muze.sabanciuniv.edu

GALERIEN

Die meisten Galerien sind in Beyoğlu, als neues zeitgenössisches Zentrum gilt Tophane, das Gebiet nordwestlich des Museums Istanbul Modern. Eine Übersicht mit fast vierzig Galerien finden Sie auf www.akbanksanat.com/en (»Contemporary Art Map«).

Apartment Project

Nichtkommerzieller Ausstellungsraum mit wechselnden Projekten.
(D 3) Beyoğlu
Şehbender Sok. 4

Galeri Non

Spezialisiert auf interdisziplinäre Kunst (u. a. Grenzbereiche Musik, Design, Literatur).
(D 3) Beyoğlu
Boğazkesen Cad. 27A
www.galerinon.com

Galerist

Eine der wenigen international operierenden Galerien.
(D 3) Beyoğlu
İstiklal Caddesi 163
www.galerist.com.tr

Pi Artwork

Eine gute Adresse für zeitgenössische internationale und türkische Kunst.
(D 3) Beyoğlu
Boğazkesen Caddesi 76
www.piartworks.com

JAZZCLUBS

Wer den Film »Crossing The Bridge« von Fatih Akin kennt, weiß, wie vielfältig und abwechslungsreich die Musikszene Istanbuls ist. Auch Jazz wird hier seit Jahrzehnten gespielt – oft mit ganz eigenem Klang.

Babylon

Sehr aktiver Club, der sich nicht ausschließlich auf Jazz beschränkt. Das Programm ist international und äußerst vielfältig: Mal spielt eine japanische Pianistin, mal tritt ein vom Hiphop geprägter Jazzsänger aus New York auf, dann wieder eine Gruppe aus Istanbul.
(D 3) Beyoğlu
Şehbender Sk. 3
www.babylon.com.tr

Ghetto

Mehrstöckiger Club, unter anderem mit einer Live-Bühne und Restaurant.
(D 2) Beyoğlu
Kamer Hatun Cad. 10
www.ghettoist.com

Istanbul Jazz Center

Im schicken Club im angesagten Ortaköy spielen bekannte internatonale Jazzgrößen wie Kenny Barron, Stanley Clarke, Gustav Lundgren. Zwei Sets pro Abend, gute Küche.
(D 11) Beşiktaş
Salhanesi Sk. 10
www.istanbuljazz.com

Nardis Jazz Club

Jazzclub nahe des Galata-Turms. Gute Größe, entspannte Atmosphäre. Ab 21.30 Uhr Mo bis Sa Livekonzerte von klassischem Jazz bis Fusion. Reservieren!
(C/D 4) Beyoğlu
Galata Kulesi Sk. 14
www.nardisjazz.com

MERIAN | GUT GESCHLAFEN

Logenplätze

Aus Istanbuler Hotelzimmern und Gästewohnungen eröffnen sich bezaubernde Ausblicke

Manzara-Wohnung: Sightseeing-Tour im Sessel

Manzara Istanbul Schöner Wohnen

Sechste Etage und eine Aussicht zum Sterben: In der Abenddämmerung gleiten untermalt vom Kreischen der Möwen die Fähren zwischen Europa und Asien über den lichtblauen Bosporus hin und her, der Topkapı-Palast beginnt zu glänzen, bis endlich das Blau fast schwarz wird, der Muezzin ruft. *Manzara,* »die schöne Aussicht«, heißt darum das Konzept der Ferienwohnungen. Fast alle 25 Apartments haben diesen grandiosen Breitwand-5-Sterne-Blick – ob von der großen Terrasse, dem gemütlichen Balkon, der kleinen Fensternische. Die größte der 25 Manzara-Wohnungen ist 120 m^2 groß, die kleinste 35 m^2. Und alle diese renovierten Wohnungen sind im attraktiven Galata-Viertel untergebracht. Die Einrichtung ist ein Crossover internationaler Moderne und türkischer Tradition. Es gibt schöne Bäder und gut ausgestattete Küchen. Und überall hängt überraschend viel Kunst. Das liegt am Chef Erdogan Altindiş. Der in Deutschland aufgewachsene Türke ist Architekt, Maler, Istanbul-Fan und erfüllt fast jeden Wunsch: Führungen durch die zeitgenössische Kunstszene, Flughafentransfer, Picknick, Weintest. Das ist mehr, als jedes Hotel kann. Aber ganz ehrlich: Am liebsten bleibt der Gast in seiner Wohnung und genießt den grandiosen Ausblick. Eben wie zu Hause.

(C/D 4) Beyoğlu, Galata Kulesi Sk. 3/2
Tel. 0212 252 4660, www.manzara-istanbul.com
Wohnungen von 55 bis 210 € pro Nacht (2-6 Personen, plus 35 € Endreinigung)

Anemon Galata Das Beste ist die Lage

Von der Dachterrasse und nach hinten raus hat man den berühmten Traumblick. Vorn schaut man auf den Galata-Turm – der Gast befindet sich also im Zentrum des neuen Istanbul! Aber auch im Zentrum der Unruhe: Es gibt viele Bars in der direkten Umgebung, mit viel lauter Herz-Schmerz-Tempo-Musik, Autotüren klappen, Touristen lachen… Wer gern bei offenem Fenster schläft, hat schlechte Karten. Obwohl die Vorhänge dick und zweifach sind. Wie alles in diesem als Designhotel klassifizierten Hotel reichlich mit Stoff, Teppichen, Decken, Kissen ausgestattet ist. »Klassisch« nennen das einige, andere »plüschig«. Die Fülle aller Möbel plus noch ein Zettelchen, noch eine Broschüre, noch ein Tischchen machen die Zimmer voll und dunkel. Jetzt möchte man unbedingt das Fenster öffnen, aber da draußen ist es so laut… Gut, dass es noch eine Klimaanlage gibt. Das Personal in dem türkischen Kettenhotel ist ausgesucht höflich. Man spricht englisch, besorgt Taxis, reserviert Restaurants… Wenn nur nicht die Dusche dringend erneuert werden müsste! Wenn nicht auf der Terrasse beim Frühstück noch Reste des nächtlichen Cocktailvergnügens gestanden hätten! – Aber Lage und Blick sind wirklich grandios.

(D 4) Beyoğlu, Büyük Hendek Caddesi 5
Tel. 0212 293 2343, www.anemonhotels.com
DZ mit Frühstück ab 110 €

The Marmara Taksim Türkisch traditionell

Das Fünf-Sterne-Haus ist das traditionellere unter den zwei Istanbuler Marmara-Hotels. Dennoch setzt man natürlich auch hier auf modernen Komfort: Zwei riesige Rolltreppen mit neongelb getönten Scheiben führen zur Rezeption, in den Zimmern gibt es große Flachbildschirme. Sie kontrastieren mit üppigen Stoffgardinen und erlesenen Mahagonimöbeln, einem Interieur, dessen Wirkung sich zwischen großväterlich-verstaubt und royal-erhaben bewegt. Der Stilmix verleiht dem Hotel seine sympathische Note. Buchen Sie ein Zimmer mit Fenstern zum Bosporus und zum Goldenen Horn, der Blick ist (bezahlbar) unbezahlbar. Übrigens: Das Hotel war Schauplatz in Fatih Akins Film »Gegen die Wand«.

(E 2) Beyoğlu, Taksim Meydanı
Tel. 0212 2514696 www.themarmarahotels.com
DZ mit Frühstück ab 152 €

Wer sich mit drei Tagen Sightseeing begnügt, kann gut in der sehr touristischen Altstadt übernachten. Näher am Alltags- und Nachtleben ist man in Beyoğlu, auf der anderen Seite des Goldenen Horns. Achtung, die Übernachtungspreise sind im Sommer bedeutend höher!

LUXUS

Çırağan Palace Kempinski

Wohnen, wo Sultans wohnten und der Pool direkt am Bosporus ist: mehr orientalischer Luxus geht kaum. Zumindest nicht in der fast 460 m^2 großen Sultan Suite. Die kostet über 20 000 Euro, ohne Frühstück natürlich. Der Palast brannte 1910 komplett aus, doch aus dem Gelände und der Ruine ist ein eklektischer Traum aus dem 19. Jh. neu erstanden. Die weniger teuren Zimmer liegen im neuen Nebengebäude.

(D 11) Beşiktaş, Çırağan Caddesi 32
Tel. 0212 3264646
www.kempinski-istanbul.com
DZ mit Frühstück ab ca. 368 €

Four Seasons at Sultanahmet

Die Gäste übernachten stilvoll im Knast. Der ist neoklassizistisch, die Türen können nun beidseitig geöffnet werden und die Türmchen wirken einladend, nicht abschreckend. Gutes Restaurant.

(D 7) Eminönü, Tevkifhane Sk. 1
Tel. 0212 4023000
www.fourseasons.com/istanbul
DZ mit Frühstück ab ca. 370 €

Sumahan on the Water

Design-Hotel direkt am asiatischen Ufer des Bosporus, weit weg vom Touristen- und Nachtleben. Die hoteleigene Fähre fährt eher selten, eine schnelle Anbindung ans Zentrum ist nicht vorhanden. Dafür haben die Zimmer eine schöne Aussicht und meist auch Kamin. Eigener Hamam.

(D/E 11) Üsküdar, Kuleli Caddesi 51
Tel. 0216 4228000
www.sumahan.com
DZ mit Frühstück ab 295 €

MODERAT

Ansen 130 Suites

Modernes Apartmenthotel für jüngeres Publikum im alten Pera-Viertel. Schlichtes Design und große Suiten mit Küche.

(D 3) Beyoğlu, Meşrutiyet Cad. 130
Tel. 0212 2458808
www.ansensuites.com
DZ mit Frühstück ab 145 €

Ayasofya Konakları

Neun restaurierte osmanische Stadtvillen in der Gasse am Topkapı mit Zimmern im historischen Stil.

(D/E 7) Eminönü, Sogukçeşme Sk.
Tel. 0212 5133660
www.ayasofyapensions.com
DZ mit Frühstück ab 119 €

Grand Hotel de Londres (Büyük Londra Oteli)

Der Glanz aus der Zeit des Orient Express ist verblichen, doch das Gebäude ist äußerst charmant. Tipp: Eines der wenigen renovierten Zimmer mit Sicht auf den Bosporus buchen.

(D 2/3) Beyoğlu, Meşrutiyet Cad. 117
Tel. 0212 2450670
www.londrahotel.net
Renoviertes DZ ab 85 €

Empress Zoe

Über mehrere Häuser sich hinziehendes verwinkeltes Hotel im alten Stadtteil Sultanahmet: steile Treppen, enge Räume, schöner Garten, einige byzantinische Mauerreste. Schöne Panoramaterrasse.

(D/E 7) Eminönü, Akbıyık Cad. 4/1
Tel. 0212 5182504
www.emzoe.com
DZ mit Frühstück ab 110 €

PREIS-TIPP

Osmanhan

Einfaches, gut geführtes Hotel im touristischen Zentrum. Mit Dachterrasse.

(E 7) Eminönü, Çetinkaya Sk. 1
Tel. 0212 4587702
www.osmanhanhotel.com
DZ mit Frühstück ab 55 €

MERIAN | GUT GEKAUFT

Die anderen Basare

Istanbuler lieben ihre glitzernden Shoppingmalls – immer größer, immer schöner. Doch ausgeblendet wird alles, was den Orient orientalisch macht

Galleria«, das erste moderne Einkaufszentrum Istanbuls, wurde 1988 im Außenbezirk Ataköy eröffnet. Viele Istanbuler waren sofort begeistert von der neuen Art des Einkaufens: Hier war es weder zu heiß noch zu kalt, weder nass noch laut. Mittlerweile zieht es, so sagt man, sonntags mehr Menschen in die Malls als ans Meer. In Wirklichkeit ist der Sprung vom historischen Basar zum Shoppingcenter nicht groß: Basar wie Mall sind überdachte Märkte, auf denen viele Händler viele Waren feilbieten. Doch während sich in den Basaren das Angebot den Touristenwünschen angepasst hat, bieten die Malls neben der westlich geprägten Warenwelt auch Spielplätze, Blumenoasen und einen sicheren sozialen Raum.

»Galleria« gab den Startschuss: In den nachfolgenden Jahren schossen weitere neue Shoppingkomplexe aus dem Boden, 1993 das »Akmerkez«. Der triangelartige Konsumpalast lockt mit Topmarken, zwei Panoramaliften, Kino und Cafés. Weil die Konkurrenz schärfer geworden: ist, unterzieht sich das »Akmerkez« einem 17-Millionen-Euro-Facelifting, um wieder auf die Höhe des Zeitgeschmacks zu kommen.

Andere Shopping Malls werben mit ihrem Gigantismus: Das »Cevahir« nennt sich »zweitgrößtes Einkaufszentren der Welt« mit über 60 000 m² Fläche, fast 350 Läden, Vergnügungspark, Multiplex-Kino. Architektonisch interessant ist das riesige halboffene »Kanyon«.

Hypermoderne Architektur: das Einkaufszentrum Kanyon

Weitere Großprojekte sind geplant. 2010 soll der Design-Wolkenkratzer »Istanbul Sapphire« fertig sein, inklusive Luxusapartments, einer Panoramaterrasse auf 260 Meter Höhe – und natürlich einer »Shopping-Mall«.

Galleria Ataköy (C 12) Bakirköy, www.galleria-atakoy.com.tr
Akmerkez (D 10/11) Beşiktaş, www.akmerkez.com.tr
Cevahir (D 11) Şişli, www.istanbulcevahir.com
Kanyon (D 10) Beşiktaş, www.kanyon.com.tr
Istanbul Sapphire (D 10) Şişli, www.istanbulsapphire. com

GEDECKTER BASAR
(C 6/7)

Abdulla Natural Products
Handtücher aus Rohseide, Schale, Seifen und Öle.
Halıcılar Cad. 62
www.abdulla.com

Antique Objet
Origineller Schmuck aus und mit alten Materialien sowie eine eigene Kollektion an farbigen Kleidern, Schuhen und Taschen.
Zenneciler Caddesi 48-50
antiqueobjet.com

Can Antik
Orientalische Stoffe, Antiquitäten und alte Souvenirs am Rand des Gedeckten Basars.
Lütfüllah Sk. 34/36

Eğin Tekstil
Hamam-Textilien, Handtücher, Bademäntel und Seifen.
Yağlıkçılar Cad. 1
www.egintekstil.com

EthniCon / Dhoku
Neue, selbst produzierte Teppiche auch in modernen Designs in warmen Farben und mit abstrakten Retro-Mustern.
Takkeciler Sk. 58-60
www.ethnicon.com

L'Orient
Antiquitätenhändler. Spezialist für Kupfer-, Bronze- und Messingobjekte, hundert Jahre alte Wasserkannen und Samowars.
Şerif Ağa Sk. 22-23
www.muratbilir.com

Necdet Daniş
Ein Laden voller farbiger neuer Stoffe aus Seide, Baumwolle, Samt und Leinen.
Yağlıkcılar Cad. 57

Selvi
Neue handgearbeitete Keramikteller, -schalen und -kacheln im İznik-Stil.
Yağlıkçılar Caddesi 54
www.selvicini.com

Semerkand
Türkische Kaftane und Stoffe, usbekische Suzanis.
Yağlıçılar Caddesi/ Astarcı Han 25/32

Şemo
Turkmenische und afghanische Textilien und Schmuck.
Yağlıçılar Caddesi 58

ANTIQUARIATE & TRÖDEL

Artrium
Eines der schönsten Antiquitätengeschäfte Istanbuls mit reicher Auswahl. Miniaturen, Keramik, Ölgemälde, alte Film- und Werbeposter.
(D 3) Beyoğlu, Geçidi İş 7
www.artrium.com.tr

Denizler Kitabevi
Seit über 130 Jahren alles zum Thema Meer, auch neue Bücher, vor allem Seekarten und Logbücher. Fundgrube mit Werken zur Seefahrt der Osmanen und zur maritimen Stadtgeschichte – auch auf Deutsch.
(D 3) Beyoğlu, İstiklal Cad. 199
www.denizlerkitabevi.com

Popcorn
Shop im Antiquitätenviertel Çukurcuma mit Retro-Objekten und Trödel – von Design-Klassikern aus den siebziger Jahren bis zu alten Fernsehern und Schreibmaschinen.
(D 2) Beyoğlu, Faik Paşa Sk. 2

BÜCHER

Türk Alman Kitabevi
Der Österreicher Josef Mühlbauer eröffnete den deutsch-türkischen Buchladen vor über fünfzig Jahren, heute führt ihn sein Sohn. Großes Angebot an Reisebüchern und Fachliteratur über die Türkei und den Islam.
(D 3) Beyoğlu, İstiklal Cad. 237
www.tak.com.tr

FEINKOST

Asri Turşucu
Ein Traum für alle, die Eingewecktes mögen: leuchtend bunte Einmachgläser, gefüllt mit allem, was sich dafür eignet – von Karotten über Gurken bis zu Pfirsichen.
(E 2/3) Beyoğlu, Ağa Hamamı Cad. 29

Kurukahveci Mehmet Efendi
Traditionsreiche Kaffeerösterei.
(C 5) Eminönü, Tahmis Sk. 66
www.mehmetefendi.com

KUNSTHANDWERK

Istanbul Handicraft Centre
Miniatur- und Keramikmalerei, Kalligrafie: In den Innenhof-Ateliers kann man Kunsthandwerkern bei ihrer Arbeit zuschauen.
(D 7) Eminönü, Kabasakal Cad. 5

MODE & ACCESSOIRES

Evihan
Schmuck aus Glas, Keramik und Silber. Kreationen von orientalisch anmutenden Ringen bis zu kleinen Engelsfiguren.
(E 2) Beyoğlu, Altıpatlar Sk. 4A
www.evihan.com

Ipek
Etablierter Seidenladen mit einer großen Auswahl an Schals und Krawatten.
(D 2/3) Beyoğlu, İstiklal Cad. 120

Mavi Jeans
Erfolgreiches Istanbuler Designerlabel, 1991 gegründet. Heute verkauft man weltweit jährlich Millionen von Jeans.
(D 2) Beyoğlu, İstiklal Cad. 117
www.mavi.com

Ümit Ünal / Doors
Kleider, die Geschichten erzählen – mal über Karl Valentin, mal über die Amischen. Seine Mode machten den Istanbuler international bekannt.
(D 3) Beyoğlu, Ensiz Sk. 1B
www.umitunal.com

Yargıcı
Der Stil von Neslihan Yargıcı, einer der bedeutendsten Designerinnen, ist klassisch: Es dominieren gedämpfte Farben, feine Stoffe.
(E/F 1) Şişli, Valikonağı Cad. 30
www.yargici.com.tr

MUSIK

Lale Plak
Seit Jahrzehnten ein guter Laden für Klassik, World Music und Jazz.
(D 3) Beyoğlu, Galipdede Cad. 1

Gute Stimmung dank feiner Vorspeisen und üppig Rakı: Das »Yakup 2«, ebenso Kneipe wie Restaurant

Auf der historischen Halbinsel sind gute Restaurants rar. Besser trinken und essen Sie in Beyoğlu, *wo sich auch die Istanbuler amüsieren. Tipp: auch mal Kunde sein bei Imbissverkäufern, die Reis mit Kichererbsen, gefüllte Muscheln oder Knoblauchwurst in Brot anbieten.*

360°Istanbul
Bar, Club und Restaurant – dieser dreifache Profilierungsversuch ist zu ambitioniert, aber der Rundumblick ist grandios. Auf der Speisekarte: moderne türkische Küche bis zum Sushi.
(D 3) Beyoğlu, İstiklal Cad. 163, Tel. 0212 2511042
www.360istanbul.com

Albura Kathisma
Gute türkische Küche und freundliches Personal – zwei Dinge, die in dieser Gegend nicht selbstverständlich sind.
(D/E 7) Eminönü
Akbıyık Cad. 26
Tel. 0212 5179031
www.alburakathisma.com

Beyti
Bekannt und geschätzt für exzellente Fleischspeisen. Das riesige Gebäude – elf Säle, 3000 Quadratmeter! – ist ein unzeitgemäßes Kuriosum, das marinierte Fleisch aber köstlich.
(B 12) Florya, Orman Sk. 8
Tel. 0212 6632990
www.beyti.com

Cezayir
Ein beliebtes Szenelokal in einem früheren Schulgebäude mit schönem Garten, Bar und Lounge. Auf der Karte stehen mehrheitlich moderne türkische Gerichte.
(D 3) Beyoğlu, Hayriye Cad. 16, Tel. 0212 2459980
www.cezayir-istanbul.com

Hacı Abdullah
Türkische und osmanische Köstlichkeiten wie Reis mit Leber und Nüssen oder zartes Lamm aus dem Ofen: dafür lohnt das Kommen. Kein Alkohol und früh geschlossen.
(E 2) Beyoğlu
Sakızağacı Cad. 9A
Tel. 0212 2938561
ww.haciabdullah.com.tr

Simit Sarayı
Der *simit* ist ein im Holzofen gebackener Sesamkringel, zu dem es meist Schmelzkäse und Tee gibt. Puristen meiden zwar die Fast-Food-Variante des sonst von Straßenverkäufern angebotenen Gebäcks, doch zum Frühstücken oder für zwischendurch sind die in ganz Istanbul verteilten Filialen der erfolgreichen Kette praktisch. U. a.
(E 2) Beyoğlu, Tarlabaşı Blv. 6, www.simitsarayi.com.tr

Tarihi Karaköy Balık Lokantası
Eine Alternative zu den vielen schwimmenden Garküchen: Über die Galata-Brücke links zum Karaköy-Fischmarkt laufen und in diesem einfachen Lokal Fisch bestellen. Abends geschlossen.
(D 4) Kardeşim Sk. 30
Tel. 0212 2511371
www.tarihikarakoybalikcisi.com

The House Café
Istanbuler Yuppies und Studenten lieben die Kaffeehauskette. Die schönste Filiale befindet sich an der Ortaköy-Anlegestelle. Es gibt auch Frühstück, Pizza, Pasta und Burger.
u. a. (D 11) Beşiktaş
Salhane Sk. 1
www.thehousecafe.com.tr

Yakup 2
Eine typisches *meyhane,* ein »Ort, an dem Alkohol getrunken wird«, also am ehesten unsererer Kneipe vergleichbar. Zum Anisschnaps Rakı gibt es köstliche, frisch zubereitete Vorspeisen *(meze)*.
(D 3) Beyoğlu, Asmalı Mescit Sk. 35/37
Tel. 0212 2492925
www.yakuprestaurant.com
Weitere typische *meyhane:*
(D 3) Sofyalı Sk. und
(D 2) Nevizade Sk.

TISCH MIT AUSSICHT

Armada Terrace
Von der herrlichen Terrasse sieht man die Silhouette der historischen Halbinsel. Tipp: Degustationsmenu mit türkischen Köstlichkeiten.
(E 8) Eminönü, Ahırkapı Sk. 24, Tel. 0212 4554455
www.armadahotel.com.tr

Leb-i Derya
Terrassenrestaurant mit Ausblick. Stilvolles Mobiliar, Gerichte von Pasta bis Kebab.
(D 3) Beyoğlu
Kumbaracı Yokuşu 57
Tel. 0212 2934989
www.lebiderya.com

Litera
Das Dachrestaurant im Gebäude des Goethe-Instituts ist mit seiner Aussicht eine gute Wahl für den Nachmittagskaffee oder den Cocktail am frühen Abend.
(D 2/3) Beyoğlu
Yeniçarşı Cad. 32
Tel. 0212 2928947
www.literarestaurant.com

Mikla
Chefkoch Mehmet Gürs lässt mediterran und skandinavisch inspirierte Gerichte über den Dächern Istanbuls servieren. Dachterrasse und Pool.
(D 3) Beyoğlu
Meşrutiyet Cad. 15
Tel. 0212 2514646
www.themarmarahotels.com

MERIAN-Stadtplan
ISTANBUL
Museum
Moschee
Kirche
Synagoge
Muslimischer Friedhof
Bahnhof
Fußgängerzone
Tram
Tünel (Zahnradbahn)
Schiffsanleger
©MERIAN-Kartographie
0 300 m
Sehenswert
Beylerbeyi D/E 11
Binbirdirek-Zisterne D 7
Çemberlitaş (Konstantinsäule) C 7
Chora-Kirche C/D 11
Derwischkloster D 3
Dolmabahçe Sarayı G 1
Galata-Turm D 4
Hagia Sophia (Ayasofya) D/E 7
Haydarpaşa Garı (Bahnhof) D 11
Hippodrom D 7
İstiklal Caddesi D 3-E 2
Khedivenschloss (Hidiv Kasrı) D 11
Leander-Turm D 11
Prinzeninseln D/E 12/13
Rumeli Hisarı (Festung Rumeli) D/E 10
Taksim
Beyoğlu
Galata
Karaköy
Kasımpaşa
Şişhane
Kabataş
Dolmabahçe
Unakapanı
Haliç
(Goldenes Horn)
Boğaziçi (Bosporus)
Atatürk Köprüsü (Atatürk-Brücke)
Galata Köprüsü (Galata-Brücke)
Tarlabaşı Bulvarı
Cumhuriyet Monument
Aksanat Kultur-zentrum
Galatasaray-Gymnasium
Pera-Museum
Palais de France
Mus. der Unschuld
Deutsche Schule
Derwisch-kloster
Galata-Turm
Camondo-Treppe
Neve Shalom Synagoge
Tophane
Istanbul Modern
Kılıç Ali Paşa Cami
Nusretiye Cami
Dolmabahçe Sarayı
Dolmabahçe Cami
İnönü Stadyumu
Deutsches Generalkonsulat
Istanbuler Staatstheater
Techn. Universität
Mimar Sinan Universität
Azapkapı Sokullu M. Paşa Cami
Türk Müzik Aletleri Müzesi
Adam Mickiewicz Müzesi
Kasımpaşa Stadyumu
Karaköy İskelesi
Kasımpaşa İskelesi
Ayakapı İskelesi
Deniz Otobüsü İskelesi
Yolcu Salonu
Karaköy Balık Pazarı (Fischmarkt)
Arab. Moschee (Arap Camii)
İstanbul Ticaret Univ.
Molla Zeyrek Cami

Die Fähren machen das Leben leichter: Viele Istanbuler wohnen im preiswerteren Asien und arbeiten im teureren Europa

MERIAN | IN 20 SEKUNDEN SCHLAUER

Schon im **6. Jh. n. Chr.** zählte Istanbul mehr als **500 000** Einwohner, heute sind es ca. **17 Mio.** Es gibt **3 028** Moscheen und **16** Synagogen. Die meisten der **40** Kirchen werden von Armeniern besucht, nur etwa **2 000** orthodoxe Christen leben noch in Istanbul. Im Gedeckten Basar bieten rund **3 300** Läden ihre Waren an, fast **10**-mal so viele wie im Cevahir, einem der größten Shoppingzentren Europas. Von den mehr als **35 000** Taxis werden nicht mehr als **10** von Frauen gelenkt.

Österreichisches Generalkonsulat
(D 9) Sarıyer, Köybasi Cad. 46
Tel. 0212 3638410
www.aussenministerium.at/botschaft/istanbul.html

Schweizer Generalkonsulat
(D 11) Şişli, Büyükdere Cad. 173 (Levent Plaza)
Tel. 0212 2831282
www.eda.admin.ch/istanbul

ORIENTIERUNG

Etliche Straßennamen wiederholen sich, daher sollten Sie sich auch das Stadtviertel merken, in dem Ihr Zielort liegt. Stellen Sie sich auf etwas Sucharbeit ein: Die Stadtverwaltung hat viele Straßennamen und Hausnummern geändert. Das ist selbst für Türken verwirrend, kaum jemand hat den Überblick, und weitere Änderungen sind nicht ausgeschlossen.

TELEFONIEREN

Internationale Vorwahl: 0090. Die Istanbuler Vorwahl ist auf europäischer Seite 0212, auf der asiatischen Seite 0216.

VERKEHRSMITTEL

Viele Distanzen sind kaum zu Fuß zu bewältigen. Taxis (»Taksi«) sind zahlreich und preiswert. Dazu kommen die Sammeltaxis (»Dolmuş«) mit ihren festen Routen. Noch preiswerter sind die öffentlichen Verkehrsmittel, die allerdings verwirren in ihrer Vielzahl: Es gibt kein Verbundnetz, sondern verschiedene Anbieter und unterschiedliche Transportmittel. Praktisch ist die Straßenbahn, die das Galata-Viertel mit allen wichtigen Orten in der Altstadt verbindet. Wenn Sie die historische Standseilbahn (1875 eröffnet!) von Karaköy hinauf nach Tünel benutzen, ersparen Sie sich den anstrengenden Marsch hoch zur Istiklal Caddesi. Hauptverkehrsmittel sind Busse und Fähren. Da sie verschiedenen Betreibern gehören, müssen Sie beim Umsteigen immer neue Fahrkahrten lösen bzw. Jetons kaufen. Das Akbil, eine kleine, magnetische Knopf-Fahrkarte für Metro, Fähre, Bus und Tram ist für Touristen nur bei längerem Aufenthalt sinnvoll. Jetons wie auch Akbils gibt es in Kiosken in der Nähe der Haltestellen. Sie liegen oft sehr versteckt! Weitere Informationen: www.iett.gov.tr (Verkehrsverbund), www.ido.com.tr (Fähren) und www.istanbul-ulasim.com.tr (Metro, Tram).

WÄHRUNG

Türkische Lira (»Türk Lirası«); 10 TL entsprechen ca. 4,50 Euro (Nov. 2009). Die alten Banknoten (auf ihnen steht verwirrenderweise »Yeni Türk Liras «, »Neue Türkische Lira«) sind seit 2010 ungültig.

ZEITLEISTE | 2 600 JAHRE GESCHICHTE

r »historische von Istanbul« n gemeinsam Welterbestätte

1985

Der ehemalige Oberbürgermeister on Istanbul, Recep Tayyip Erdoğan, ündet die nationalreligiöse »Partei für Gerechtigkeit und Entwicklung« KP). Als deren Vorsitzender wird er zwei Jahre später Ministerpräsident

2001

2003

Bei Bombenanschlägen auf zwei Synagogen und britische Einrichtungen sterben in Istanbul mehr als 50 Menschen. Die Anschläge werden Islamisten zugeschrieben

2010

Istanbul ist europäische Kulturhauptstadt

hohes Prachtgebäude, dekoriert mit deutschen Adlern. Sultan Abdülhamit II. und Kaiser Wilhelm II. verstanden sich, man beschenkte sich gegenseitig – nicht nur als Staatsoberhäupter: Zu Wilhelms Gaben gehörte beispielsweise ein familiäres Fotoalbum, das heute im Dolmabahçe-Palast aufbewahrt wird. Und da der Kaiser eine adäquate Unterkunft brauchte, wurde auch daran nicht gespart. Der erste Besuch 1889 war noch zu kurzfristig angekündigt, das als Unterkunft des Kaiserpaares eilends hergerichtete **Şale-Koşkü** im **(D 11) Yıldız-Park** nur ein Holzhaus im Schweizer Chaletstil. Kurzerhand ließ Abdülhamit das Şale mit einigen der prachtvollen, mit Perlmuttintarsien verzierten Türen aus dem Çırağan-Palast aufwerten. Sie gehören heute zu den wenigen Relikten des 1910 vollständig ausgebrannten Palasts. Als Erinnerung an den zweiten Besuch stiftete wiederum Wilhelm seinem Freund den **(D 7) Deutschen Brunnen** (Alman Çeşmesi) am nördlichen Ende des Hippodroms. Im Verhältnis zu den Moscheebrunnen fiel er allerdings eher niedlich aus.
Im Ersten Weltkrieg kämpften beide Reiche auf derselben Seite. Und verloren. Aus den Trümmern des Osmanischen Reichs schuf Kemal Atatürk 1923 die Republik Türkei, die Hauptstadt verlegte er nach Ankara. Dorthin reiste per Dampfer und Bahn 1924 ein Fertigholzhaus – die neue deutsche Botschaft. Bis 1928 entstand das heutige Gebäude, Typ „preußisches Landhaus". Das kaiserliche Palais in Istanbul, das 1918-23 unter schwedischer Verwaltung stand, wurde zum Generalkonsulat degradiert. Die Botschaft in Ankara wirkt dagegen bis heute sehr nüchtern.

REISEVERANSTALTER

Öger Tours
Der bewährte Spezialist für Türkeireisen hat als einziger deutscher Veranstalter einen eigenen Istanbul-Katalog und bietet alles von Flügen bis zu Pauschalreisen. Aber auch andere Reiseveranstalter wie TUI und Studiosus haben Istanbulreisen im Programm.
Tel. 01805 242558
(0,14 €/Min.)
www.oeger.de

ANREISE

Eine Anreise per Bus, Bahn und Pkw ist möglich, aber äußerst umständlich. Flüge hingegen gibt es zahlreiche. Die meisten Flugzeuge landen am Atatürk-Flughafen (www.ataturkairport.com), der etwa 15 km westlich vom Stadtzentrum entfernt ist. Zum Taksim-Platz fahren regelmäßig Busse (Linie 96T) und Havaş-Flughafenshuttles. In den historischen Stadtkern gelangt man mit der Metro-Linie M1, indem man in Zeytinburnu oder Aksaray in die Stadtbahn T1 umsteigt. Eine Taxifahrt kostet etwa 15 Euro. Auch viele Hotels organisieren Flughafentransporte. Billigfluglinien bevorzugen den kleine Flughafen Sabiha Gökçen (www.sgairport.com), der ca. 40 km vom Zentrum auf der asiatischen Seite liegt. Von hier fahren Busse, Havaş-Shuttles oder Taxis.

AUSKUNFT (Turizm Danışma Bürosu)

(B 12) Atatürk-Flughafen
Tel. 0212 6630704

(D 7) Eminönü, Divan Yolu Cad. 3, Tel. 0212 5181802

(D 4) Karaköy, Karaköy Yolcu Salonu (Wartesaal des Überseehafens)
Tel. 0212 2495767

Weitere Informationen zur Stadt: **english.istanbul.com**

KONSULATE

Deutsches Generalkonsulat
(F 2) Beyoğlu, Inönü Cad. 10
Tel. 0212 3346100
www.istanbul.diplo.de

1520-66 Höhepunkt des Osmanischen Reichs unter Süleyman I. (»der Prächtige«)

1875 Staatsbankrott des Reichs, das sich schon lange im wirtschaftlichen und politischen Niedergang befand

1914 Das Osmanische Reich tritt auf Seiten der Mittelmächte in den Ersten Weltkrieg ein

1918-23 Nach dem Krieg organisiert Mustafa Kemal von Ankara aus erfolgreich den Widerstand gegen die Besatzungsmächte. Aufhebung des Sultanats

1923 Gründung der Republik Türkei. Mustafa Kemal (»Atatürk«) wird Präsident, Ankara die neue Hauptstadt. Weitreichende Reformen: Kalender, Gesetze und Kleider nach westlichem Vorbild, lateinisches Alphabet, Aufhebung des Islams als Staatsreligion

1930 Die Stadt heißt nun auch amtlich Istanbul

ab 1950 Wachsende Unterbeschäftigung auf dem Land und dadurch große Abwanderung in die Städte. Istanbul ist Millionenstadt

1955 6./7. September: Istanbuler Pogrome gegen Nichtmuslime, insbesondere gegen Griechen. Fast alle verlassen die Türkei

Vi… Bereiche… werde… Unesco-…

v… g… (A…

Fatih
Eminönü
Sirkeci
Beyazıt
Laleli
Sultanahmet
Kumkapı
Yenikapı
Kennedy Caddesi
Kennedy (Sahil Yolu) Caddesi
Marmara Denizi (Marmarameer)
Topkapı Sarayı
Hagia Sophia (Ayasofya)
Blaue Moschee (Sultanahmet Cami)
Großer Basar (Kapalı Çarşı)
Ägypt. Basar (Mısır Çarşısı)
Neue Moschee (Yeni Cami)
Süleymaniye Cami
Archäologisches Museum
Aya İrini
Gülhane Parkı
Atatürk Heykeli
Sirkeci İskelesi
Yenikapı İskelesi
Ahırkapı Feneri
Mustafa Kemal Cad.
A
B
C
D
E
F
6
7
8

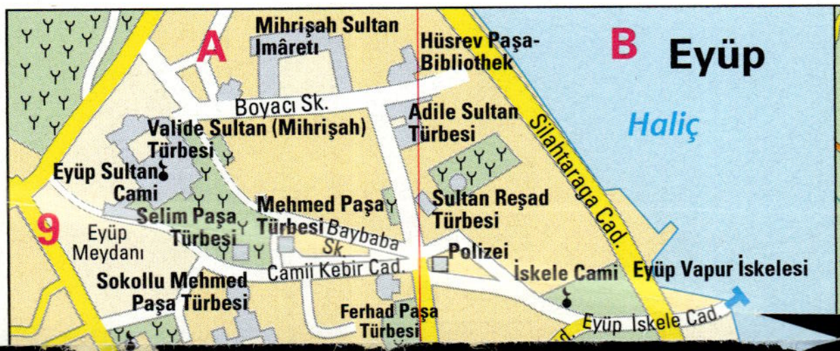
Eyüp
Haliç
Mihrişah Sultan İmâreti
Hüsrev Paşa-Bibliothek
Valide Sultan (Mihrişah) Türbesi
Adile Sultan Türbesi
Eyüp Sultan Cami
Mehmed Paşa Türbesi
Sultan Reşad Türbesi
Selim Paşa Türbesi
Eyüp Meydanı
Sokollu Mehmed Paşa Türbesi
Ferhad Paşa Türbesi
Eyüp Vapur İskelesi
Silahtarağa Cad.
A
B
9

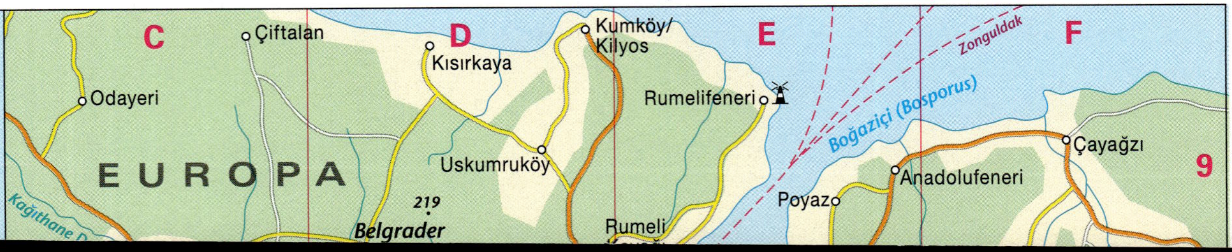
EUROPA
Çiftalan
Odayeri
Kısırkaya
Kumköy/Kilyos
Rumelifeneri
Uskumruköy
Belgrader
Rumeli
Poyazo
Anadolufeneri
Çayağzı
Boğaziçi (Bosporus)
Zonguldak
Kağıthane
219
C
D
E
F
9

ISTANBUL
ASIEN
Marmara Denizi (Marmarameer)
Kızıl Adalar (Prinzeninseln)
Eminönü
siehe Stadtplan
Beyoğlu
Beşiktaş
Şişli
Kağıthane
Üsküdar
Kadıköy
Ümraniye
Fatih
Eyüp
Sütlüce
Gaziosmanpaşa
Bakırköy
Zeytinburnu
Küçükçekmece
Esenyurt
Avcılar
Pendik
Beykoz
Sarıyer
Sadberk-Hanım-Museum
Sakıp Sabancı Museum
Khedivenschloss (Hidiv Kasrı)
Rumeli Hisarı
Anadolu Hisarı
Leander-Turm
Çırağan Sarayı
Chora-Kirche
Theodosian. Landmauer
Atatürk Hava Limanı
Mydonose Showland
Hagia Triada
Hagios Georgios
Büyükada
Heybeliada
Burgaz Adası
Kınalıada
Sivriada
Yassıada
Sedef Adası
Balıkçı Ad.
Küçükçekmece G.
Alibey Barajı
Wald
Yalova
İzmit
Edirne
Silivri
© MERIAN-Kartographie
0 9 km
Saçlı Abdülkadir Efendi Mescidi
Medrese
Hz. Halid Bulvarı
Zal Paşa Cad.
Feshane Cad.
Yavedut Cad.
Şair Fitnat Hanım Türbesi
Kızılmescid
Zal Mahmutbey Cami
Galata Köprüsü, Galata-Brücke
0 150 m
BULGARIEN
GRIECHENLAND
TÜRKEI
GEORGIEN
SYRIEN
IRAK
Schwarzes Meer
ANKARA
Troja
Bursa
Kocaeli (İzmit)
Samsun
Erzurum
İzmir
Konya
Kayseri
Malatya
Diyarbakır
Antalya
Adana
Antakya
Zypern
Nikosia
Kreta
0 300 km

MERIAN | RÜCKBLICK

Deutsch-türkische Liegenschaften

Seit dem 18. Jahrhundert gibt es intensive Beziehungen zwischen Berlin und Istanbul. Unter Kaiser Wilhelm II. erreichten sie ihren Höhepunkt. Auch architektonisch

Geschenk Kaiser Wilhelms II. an Sultan Abdülhamit II.: der deutsche Brunnen mit typisch preußischem Kupferdach

Mitte des 18. Jhs. knüpft Preußen erste diplomatische Beziehungen mit den Osmanen, und die Ankunft des Gesandten Resmi Ahmed el-Hadsch Efendi löst eine regelrechte Türkenbegeisterung aus: »Datteln essen gehört zum guten Tone in Berlin, die Gecken pflanzen sich einen Turban aufs Haupt«, staunt Friedrich der Große. Der Reiz der »Turquerie«, mit der seither Künstler von Mozart bis May ihre Werke würzten, sollte das deutsche Verhältnis zum Osmanischen Reich bis zu dessen Ende prägen.

Bei aller Orientliebe waren handfeste politische Aspekte ausschlaggebend. König Friedrich II. wollte die Türken zum Krieg gegen Österreich gewinnen, und im 19. Jh. interessierte sich Deutschland für türkische Rohstoffe. Das verschuldete Osmanische Reich, wirtschaftlich von Frankreich und England abhängig, lieferte Tabak, Teppiche, Opium ans Deutsche Reich und importierte im Gegenzug Textilien, Munition, Maschinen, Strümpfe. Zwischen 1878 und 1889 erhöhte sich der Handel um 54 Prozent.

Vor allem die Beziehung zwischen Kaiser Wilhelm II. und Sultan Abdülhamit II. war ausschlaggebend. Wilhelm war erfüllt vom Gedanken der deutschen Weltgeltung, prunkliebend und romantisch zugleich. Und reiste gern, auch in den Orient – dreimal während seiner Regierungszeit. Vor allem nach der zweiten Fahrt 1898 fielen wichtige Entscheidungen: Deutschland erhielt die Lizenz zur Erdölförderung in Anatolien, ein Konsortium unter Führung der Deutschen Bank die Genehmigung zum Bau der Bagdadbahn.

Zu jener Zeit lebten bereits zahlreiche deutsche Kaufleute, Beamte, Handwerker, Ärzte in Istanbul (damals Konstantinopel), es gab den Verein Teutonia und seit 1868 die **(D 3) Deutsche Schule** (Alman Lisesi). 1874-77 war **(F 2) das kaiserliche Botschaftspalais**, der erste Botschaftsbau des neuen Deutschen Reiches, hingeklotzt worden, ein zwanzig Meter

ZEITLEISTE | 2 600 JAHRE GESCHICHTE

um 660 v. Chr. Griechische Siedler gründen auf der thrakischen (europäischen) Seite des Bosporus die Kolonie Byzantion. Der Schwarzmeerhandel lässt sie aufblühen

330 n. Chr. Wegen der wachsenden Bedeutung der Osthälfte des Römischen Reichs verlegt Konstantin I. »der Große« seine Residenz in die Stadt, erhebt sie zur Hauptstadt des Römischen Reiches und benennt sie um in Konstantinopolis

395 n. Chr. Nach der Teilung der Römischen Reichs wird Konstantinopel Hauptstadt des Oströmischen Reichs. Das Christentum ist inzwischen Staatsreligion

527-565 n. Chr. Die Stadt zählt mehr als eine halbe Million Einwohner und erlebt unter Kaiser Justinian I. eine Blütezeit. Bau der Hagia Sophia

1204 Nach der Eroberung Konstantinopels durch das Heer des vierten Kreuzzugs (1203/04) gehört die Stadt bis 1261 zum »Lateinischen Kaiserreich«

1453 Nach mehrfacher Belagerung erobern die Osmanen unter Mehmet II. die Stadt. Konstantinopel wird Residenz der Sultane und Hauptstadt des Osmanischen Reichs mit großer wirtschaftlicher, kultureller und politischer Bedeutung

Thailand

Bangkok strahlt: die Nacht beginnt

Die Berge als Zuflucht: bei den Völkern im Norden

Stechen fürs Seelenheil: Tätowierung im Kloster

Kontraste: Bangkok ist die Hauptstadt der Lust und des poetischen Elends. Roger Willemsen hat sie bei Nacht erforscht, MERIAN bei Tag. **Varianten: Urlaub** mit Rucksack, im Luxushotel oder im Oriental Express, alles ist möglich. **Hilfe: der Tsunami** und seine Folgen. **Leben:** die schrille Welt der **Seifenopern**, die stille Welt der **Bergvölker**, die fremde Welt der **Klöster**.

Zuletzt erschienen:

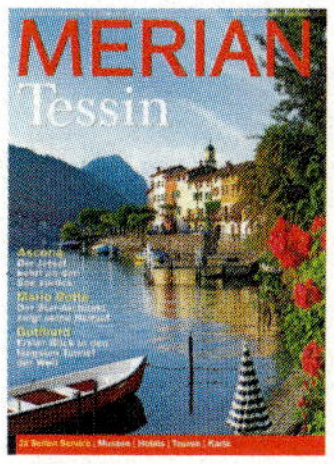

Juli 2009

August 2009

September 2009

Oktober 2009

November 2009

Dezember 2009

In Vorbereitung:
Steiermark, Toskana und Elba, Aachen, Wallis
Abotelefon:
040 87973540
oder www.merian.de

REISEFÜHRER

MERIAN Istanbul
Dilek Zaptçıoğlu, Travel House Media 2008, 264 S., 22,95 €

Kenntnisreich präsentiert die Autorin, gebürtige Istanbulerin, ihre Stadt.

MERIAN live! Istanbul
Christoph K. Neumannn, Michael Neumann, Travel House Media 2010, 128 S., 9,95 € Kompakter Stadtführer für unterwegs. Mit Karte zum Herausnehmen.

Istanbul
Manfred Ferner, Reise Know-How 2008, 408 S., 12,80 € Kein optisches Highlight, dafür fundiert geschrieben und prall gefüllt mit guten Tipps.

Istanbul MM-City
Michael Bussmann, Gabriele Tröger, Michael Müller 2009, 264 S., 14,90 € Ein Reiseführer mit allen Facetten der Stadt, von Szeneclubs bis zur Moscheenarchitektur.

LITERATUR

Die Prinzeninseln
Joachim Sartorius, Mare 2009, 128 S., 18 € Der Ex-Diplomat besucht die Prinzeninseln und berichtet über Landschaft und Bewohner. So eindringlich, dass Orhan Pamuk nach der Lektüre sofort dorthin fahren wollte.

Istanbul
Orhan Pamuk, Hanser 2006, 432 S., 25,90 € Der Nobelpreisträger erinnert sich in dem Buch an seine Heimatstadt Istanbul und damit auch seine Kindheits- und Familiengeschichte. Virtuos, hochgelobt.

Das Museum der Unschuld
Orhan Pamuk, Hanser 2008, 576 S., 24,90 € Ein großer

Liebesroman voller Witz und Melancholie und ein Porträt der Türkei in den siebziger Jahren.

Istanbul. Eine literarische Einladung
Börte Sagaster, Heinfeldner Manfred (Hg.), Wagenbach 2008, 144 S., 15,90 € Türkische Autoren schreiben über Orte und Erlebnisse, die sie mit Istanbul verbinden.

SACHBUCH

Istanbul. Ein historischer Stadtführer
Klaus Kreiser, Beck 2009, 320 S., 24,90 € Anhand wenig bekannter Texte der türkischen Literatur führt der Autor in die Vergangenheit Istanbuls. Gelungener Spagat zwischen Wissenschaft und spannendem Schreiben.

Gebrauchsanweisung für die Türkei
Iris Alanyali, Piper 2008, 188 S., 12,90 €
Ein Buch für alle, die tiefer in die türkische Gesellschaft eintauchen möchten. Amüsante, leichte und doch informative Texte zu Themen wie Sultansküche, Atatürk und Religion.

MERIAN | AUSGEWÄHLT

Zwischen zwei Welten

Der Regisseur Fatih Akin ist ein begnadeter Erzähler. Oft spielen seine Storys auch in Istanbul

Mehrmals hat sich der Sohn türkischer Einwanderer mit dem Leben zwischen zwei Welten beschäftigt – zwischen Moderne und Tradition, Türkei und Deutschland, Istanbul und Hamburg. In den beiden Städten spielen seine Spielfilme »Gegen die Wand« und »Auf der anderen Seite«. Ausschließlich der türkischen Metropole widmet sich Akin im Dokumentarfilm »Crossing The Bridge«. Darin begibt sich der (zur Selbstdarstellung neigende) Bassist Alexander Hacke auf eine Entdeckungstour durch die Musikszene der Stadt – von der Hip-Hop-Gruppe Ceza bis zur kurdischen Sängerin Aynur Doğan. Deren Auftritt gehört zu den Höhepunkten des Films: In der Szene wird ihre ergreifende Stimme durch die spezielle Akustik eines historischen Hamams verstärkt.

Crossing The Bridge DVD 2008 (Neuedition), ca. 10 €
Auf der anderen Seite DVD 2008, ca. 8 €
Gegen die Wand DVD 2004, ca. 8 €

BILDBÄNDE

Die Basare Istanbuls
Laura Salm-Reifferscheidt (Texte), Moritz Stipsicz (Fotos) Brandstätter 2008, 224 S., 49,90 € Die Bilder erlauben, in die sinnliche Welt der Istanbuler Basare einzutauchen, ohne gleich in den nächsten Laden gezerrt zu werden. Die Texte liefern dabei spannende Hintergründe.

Istanbul, Metropole zwischen den Welten
Kai Strittmatter, Knesebeck 2008, 207 S., 49,95 €
Lebendig schildert Strittmatter Aspekte der Stadt und porträtiert Istanbuler wie die Fischer auf der Bosporus-Brücke oder den Modemacher Ümit Ünal. Fotos von Reto Guntli.

Wohnideen 1001 Nacht
Sølvi Dos Santos, Christian 2008, 192 S., 29,95 € Die norwegische Fotografin inspiriert nicht nur zu orientalisch angehauchtem Wohnen. Sie gibt auch intime Einblicke in Istanbuler Privatwohnungen, etwa die des Industriellen Rahmi M. Koç.

MUSIK

Swing A La Turc
Önder Focan 6tet, CD 2007, 17,99 € (bei www.jpc.de)
Der umtriebige Jazzgitarrist betreibt in Istanbul den Nardis Jazz-Club. Hier widmet er sich traditionellen Melodien.